신방수 세무사의
재건축 재개발 세무 가이드북
(실전 편)

이제 재건축·재개발 세금이 한결 쉬워진다!

신방수 세무사의 재건축 재개발 세무 가이드북

실전편

신방수 지음

실무자들이 놓치기 쉬운 재건축·재개발 세무상 쟁점을 모두 다루었다!

매일경제신문사

머리말

재건축 및 재개발 등과 관련된 세제로 인해 손해 보는 일이 많아지고 있다. 최근 정부에서 이와 관련된 세제를 대폭 손질을 했기 때문이다. 예를 들어, 조합원입주권이나 주택분양권을 주택 수에 포함시켜 취득세와 양도소득세 과세 방식을 정하는 것이 대표적이다. 주택 수가 증가하면 취득세가 중과세될 수 있고, 조합원입주권이나 완공주택에 대한 양도세 비과세를 받기가 힘들어질 수 있다. 그런데 이 외에도 다양한 문제점들이 파생하고 있다. 청산금을 수령할 때 양도소득세는 어떤 식으로 과세되는지, 1+1 재건축이 되면 양도소득세 비과세와 과세가 어떤 식으로 되는지, 지역주택조합원이 보유한 권리에 대해서는 어떤 식으로 과세가 되는지 등이 그렇다. 또한 임대등록한 주택이 재건축에 들어간 경우, 세제가 어떤 식으로 변동되는지 등도 관심 대상이 되곤 한다.

이 책은 이러한 배경 아래 주로 일반인들이 재건축이나 재개발 등에 투자할 때 발생하는 다양한 세금 문제를 해결하기 위해 집필되었다. 그렇다면 이 책《재건축·재개발 세무 가이드북(실전 편)》은 어떤 점들이 뛰어날까?

첫째, 재건축·재개발 투자에 꼭 필요한 세무 문제를 모두 다루었다.

이 책은 총 9장과 부록으로 구성되었다. 제1장은 재건축 등과 관련된 세무상 쟁점을 전체적으로 조망하고, 제2장부터 제5장까지는 재건축과 관련된 취득세와 보유세, 그리고 양도소득세 문제를 체계적으로 다루고 있다. 제6장은 청산금과 1+1 재건축 양도소득세, 제7장은 임대주택의 재건축에 관련된 이슈를 다루고 있다. 제8장은 주택분양권과 관련된 주요 세무상 쟁점을, 제9장은 지역·직장주택조합과 주택리모델링조합 등에 대한 세제 내용을 다루고 있다. 마지막으로 부록에서는 재건축과 관련된 법률 중 '도시 및 주거환경정비법(도정법)'의 주요 내용을 다루고 있다.

- 제1장 투자 전 재건축·재개발 세금을 알아야 하는 이유
- 제2장 재건축 취득세·보유세
- 제3장 재건축 양도세 쟁점 해결을 위한 기초지식 쌓기
- 제4장 재건축 양도세 비과세 적용법
- 제5장 재건축 양도세 과세 적용법
- 제6장 재건축 청산금, 1+1 조합원입주권 양도세 특집
- 제7장 임대주택의 재건축과 세무상 쟁점
- 제8장 주택분양권과 세무상 쟁점
- 제9장 지역·직장주택조합과 세무상 쟁점
- 부록 재건축 관련 법률의 이해

둘째, 실전에 필요한 다양한 사례를 들어 쉽게 문제 해결이 가능하도록 했다.

모름지기 책은 정보를 단순하게 나열하는 것보다는 입체적으로 전

달하는 것이 훨씬 값어치가 있을 것이다. 이러한 관점에 따라 기본적인 내용은 물론이고, 실전에 필요한 사례를 최대한 발굴해 이해의 깊이를 더할 수 있도록 최대한 노력했다. 저자가 현장에서 문제를 어떻게 해결하는지를 지켜보는 것만으로도 이와 유사한 세무 문제를 손쉽게 해결할 수 있을 것으로 기대된다. 이외에 실무적으로 더 알아두면 유용할 정보들은 Tip이나 심층분석 란을 통해 정보의 가치를 더했다. 또한 곳곳에 요약된 핵심정보를 정리해서 실무 적용 시 적응력을 높이기 위해 노력했다.

셋째, 재건축과 관련된 절세 전략 수립을 위해 필요한 최신 정보를 모두 다루었다.

이번에 선보인 《재건축·재개발 세무 가이드북(실전 편)》은 재건축·재개발에 관련된 취득세와 보유세, 그리고 양도세제는 물론이고, 다른 책에서 볼 수 없는 청산금과 1+1 재건축, 임대주택의 재건축, 주택분양권, 지역·직장주택조합 등에 관련된 세무상 쟁점들도 심도 있게 다루고 있다. 한편 2023년 1월 12일부터 취득세와 양도세 등의 일시적 2주택 처분기한이 종전 2~3년에서 3년으로 통일되었다. 따라서 독자들은 이러한 정보를 바탕으로 주택정비 사업의 유형에 따른 세제상의 차이를 명확히 이해하는 한편, 자신에 맞는 절세전략을 손쉽게 찾을 수 있을 것으로 기대한다.

이 책은 재건축·재개발에 관한 세무에 조금이라도 관심이 있는 분들을 위해 최대한 쉽게 쓰려고 노력했다. 다만, 독자에 따라서는 일부 내용에 대해 이해하기 힘들 수 있는데, 이때는 저자가 운영하는 네이버 카페(신방수세무아카데미)를 통해 궁금증을 해소하기를 바란다. 이곳에서는 실시간 세무 상담은 물론이고 최신 세무 정보, 그리고 세금 계산기 등도 장착되어 있어 활용도가 높을 것이다.

이 책은 많은 분들의 응원과 도움을 받았다. 우선 이 책의 내용에 대한 오류 및 개선 방향 등을 지적해주신 권진수 회계사님께 감사의 말씀을 드린다. 그리고 항상 저자를 응원해주시는 카페 회원들과 가족의 안녕을 위해 늘 기도하는 아내 배순자와 대학생으로 본업에 충실히 임하고 있는 두 딸, 하영이와 주영이에게도 감사의 말을 전한다.

아무쪼록 이 책이 재건축·재개발 세무에 대해 능통해지고 싶은 분들에게 작은 도움이라도 되었으면 한다.

독자들의 건승을 기원한다.

역삼동 사무실에서
세무사 신방수

차례

머리말 4
일러두기 14

제1장 투자 전 재건축·재개발 세금을 알아야 하는 이유

1. 재건축·재개발 세금을 알아야 하는 이유   18

2. 재건축 사업진행 방식에 따른 세무상 쟁점   21

3. 조합원의 유형에 따른 세무상 쟁점   26

4. 조합원입주권과 주택분양권이 주택 수에 포함되면서 벌어지는 일 32

5. '소득세법'상 조합원입주권과 주택분양권의 범위   36

6. '지방세법'상 조합원입주권과 주택분양권의 범위   42

7. 개인이 임의로 재건축을 하는 경우   48

| **심층분석** | '소득세법'과 '지방세법'상 조합원입주권과 주택분양권
의 범위에서 차이가 발생한 이유   54

| **심층분석** | 재건축 사업과 세무상 쟁점   59

| **심층분석** | 새 정부의 세제정책   64

제2장 재건축 취득세·보유세

1. 재건축 취득세 과세체계   66
2. 조합원입주권 외 주택에 대한 취득세율 적용법   72
3. 2020년 8월 12일 이후 2주택자에 대한 취득세율 적용법   77
4. 조합원입주권 보유 중 신규주택을 취득한 경우의 일시적 2주택

   취득세율 적용법   79
5. 사업시행 중 대체주택에 대한 일반취득세 적용법   85
| **심층분석** | 주택 취득 상세 명세서   88
| **심층분석** | 재건축 보유세 관련 세무상 쟁점   90

제3장 재건축 양도세 쟁점 해결을 위한 기초지식 쌓기

1. 양도의 개념   96
2. 양도세 과세와 비과세 대상   100
3. 재건축 양도세 계산구조   104
4. 보유기간의 산정과 세제의 적용   108
5. 양도 또는 취득시기   113
| **심층분석** | 관리처분인가일 후 주택이 멸실되지 않는 경우의

   세무상 쟁점   117

제4장 재건축 양도세 비과세 적용법

1. 재건축과 양도세 비과세 쟁점   122
2. 원조합원의 1조합원입주권을 비과세 사례   127
3. 원조합원이 조합원입주권 보유 중 신규주택을 취득한 경우의
   비과세 사례   132
4. 1주택 보유 중 조합원입주권을 유상취득한 경우의 주택 비과세
   사례   137
5. 사업시행 중 취득한 대체주택 비과세 사례   144
6. 사업시행 중 취득한 대체주택 비과세 쟁점 사례   149
|심층분석| 조합원입주권 상속 등과 비과세 특례   153
|심층분석| 완공주택 양도세 비과세 적용법   159

제5장 재건축 양도세 과세 적용법

1. 재건축과 양도세 과세 쟁점   162
2. 조합원입주권 양도차익의 구분   167
3. 조합원입주권과 장기보유특별공제   172
4. 조합원입주권 양도세율 적용법   181
5. 조합원입주권 양도세 계산 사례   185
6. 완공주택 양도세 계산구조   191
7. 완공주택 양도세 계산 사례   197
|심층분석| 재건축 양도세 필요경비 처리법   201

제6장

재건축 청산금,
1+1 조합원입주권 양도세 특집

1. 재건축 청산금과 세무상 쟁점		204
2. 청산금 양도세 계산구조		208
3. 현금청산 시 양도세 계산법		215
4. 고가주택의 청산금에 대한 비과세와 과세 사례		217
5. 청산금 양도시기와 납세의무자 관련 세무상 쟁점		221
6. 1+1 재건축과 세무상 쟁점		225
7. 1+1 재건축 조합원입주권 비과세 사례		229
8. 1+1 조합원입주권 양도세 계산 사례		231
심층분석 공동소유 주택의 1+1 재건축과 공유물 분할		236

제7장

임대주택의 재건축과 세무상 쟁점

1. 주택임대사업자와 재건축에 따른 쟁점		240
2. 임대주택이 멸실된 경우 거주주택 비과세 적용법		244
3. 거주주택이 멸실된 경우 거주주택 비과세 적용법		248
4. 임대주택의 재건축과 양도세 중과배제		250

제8장 주택분양권과 세무상 쟁점

1. 주택분양권과 세무상 쟁점 254

2. 주택분양권과 취득세 쟁점 258

3. 주택분양권과 양도세 쟁점 262

4. 주택 보유 중 2021년 이후에 주택분양권 취득 시의

　일시적 2주택 비과세 266

5. 주택분양권의 증여와 부담부증여 272

| 심층분석 | 2020년 12월 31일 전 주택분양권을 취득한 경우의

　일시적 2주택 비과세 적용법 275

제9장 지역·직장주택조합과 세무상 쟁점

1. 지역·직장주택조합원과 세무상 쟁점 284

2. 주택조합에 현물출자 시의 비과세와 과세 여부 289

3. 지역주택조합원 지위의 양도와 과세 293

4. 조합아파트 완공과 세무상 쟁점 295

| 심층분석 | 주택리모델링 사업과 세무상 쟁점 분석 298

재건축 관련 법률의 이해

1. 재건축 관련 법률에 대한 이해가 중요한 이유　　　304

2. '도정법'상의 재건축 사업 절차　　　308

3. '도정법'상의 조합원 자격　　　313

4. 관리처분계획의 인가 및 수립기준　　　317

5. 정비 사업의 준공인가와 소유권 이전고시　　　322

6. 청산금(수령 또는 납부)　　　325

| **심층분석** | 재건축 초과이익 환수법률　　　330

일러두기

이 책을 읽을 때는 다음 사항에 주의하시기 바랍니다.

1. 개정세법의 확인

이 책은 2023년 9월 25일, 현재 적용되고 있는 세법을 기준으로 집필되었습니다. 실무에 적용 시에는 그 당시에 적용되는 세법을 확인하는 것이 좋습니다.

2. 용어의 사용

- '도시 및 주거환경정비법' → '도정법'
- '빈집 및 소규모주택 정비에 관한 특별법' → '소규모주택법'
- '소득세법 시행령' → 소령
- '지방세법 시행령' → 지령
- 종합부동산세 → 종부세
- 양도소득세 → 양도세
- 장기보유특별공제 → 장특공제
- 조정대상지역 → 조정지역
- 관리처분계획인가일 → 관리처분인가일(관리처분일)
- 사업시행계획인가일 → 사업시행인가일

3. 조정대상지역 등에 대한 정보

- 조정대상지역(조정지역), 투기과열지구 등에 대한 지정 및 해제정보는 '대한민국 전자관보' 홈페이지에서 확인할 수 있습니다.
- 정부의 부동산 대책에 대한 정보는 '국토교통부', 세제정책은 '기획재정부와 행정안전부'의 홈페이지에서 알 수 있습니다.
- 개정세법 및 개정법률 등은 '국회(법률)', '정부입법지원센터(시행령)', 일반 법률은 '법제처'의 홈페이지에서 검색할 수 있습니다.

4. 책에 대한 문의 및 세무상담 등

책 표지 안 날개 하단을 참조하시기 바랍니다.

제**1**장

투자 전 재건축·재개발 세금을 알아야 하는 이유

재건축·재개발 세금을
알아야 하는 이유

실무현장에서 보면 재건축·재개발 사업(이하 재건축 사업) 등과 관련해 발생하는 세금 문제를 이해하는 것이 생각보다 쉽지 않다. 관련 사업 방식에 따라, 그리고 조합원의 종류 등에 따라 세제의 내용이 달라지는 한편, 사업의 진행 과정에서 다양한 세무상 쟁점들이 파생하기 때문이다. 특히 조합원입주권이나 주택분양권을 주택 수에 산입하는 식으로 세제를 운영하다 보니 생각지도 못하는 곳에서 다양한 세무상 쟁점들이 발생하고 있다. 따라서 재건축이나 재개발 사업과 관련해서 투자하기 전에 재건축이나 재개발에 대한 세금부터 제대로 알아야 한다. 이에 대해서 구체적으로 알아보자.

첫째, 재건축 추진 방식에 따라 세제가 달라진다.

일반적으로 재건축이나 재개발 사업에 따른 주택의 공급은 '도시 및 주거환경정비법(이하 '도정법')'에 따라 진행되지만, 소규모재건축 등의 사업은 '빈집 및 소규모주택 정비에 관한 특례법(이하 '소규모주택법')'에 의해서도 진행된다. 이 외에도 '주택법'이나 '도시개발법' 등에 따라 다양한 형태로 주택이 공급되고 있다. 그런데 실무에서 보면 해당 사업에 적용되는 법률의 형태에 따라 세제의 내용이 달라진다는 문제점이 있다. 예를 들어, 양도소득세(이하 양도세)에서는 '도정법'이나 '소규모주택법'상의 조합원이 조합에 출자하고 입주권을 얻으면 이를 환지처분으로 보아 양도세를 부과하지 않으나, 지역주택조합원이 해당 조합에 출자해서 입주권(사실상 분양권에 해당)을 받으면 이를 유상양도로 보아 바로 양도세를 부과한다.

⚫ 독자들은 재건축 등이 어떤 법률에 따라 진행되는지를 정확히 파악할 수 있어야 한다.

둘째, 세법에서 정하고 있는 조합원입주권과 분양권의 범위를 구분하기가 쉽지 않다.

재건축과 관련된 주요 세제는 크게 양도세와 취득세 정도가 된다. 전자는 국세요, 후자는 지방세에 해당한다. 그런데 이 세목들이 각자의 길을 걷다 보니 납세자들이 매우 혼란스러운 상황에 놓이게 되는 경우가 많다. 예를 들어, 앞의 지역주택조합원이 보유한 권리에 대해 양도세를 다루는 '소득세법'은 조합원입주권이 아닌 "주택분양권"으로 분류해서 주택 수에 포함해 비과세와 과세 판정을 하나, 취득세를 다루는 '지방세법'은 "조합원입주권"도 "분양권"도 아닌 것으로 해서 주택 수에 포함하지 않고 있다. 하나의 사안을 두고 국세와 지방세 행정에서 손발이 맞지 않아 이러한 현상이 발생하고 있다.

🐨 독자들의 국세와 지방세와의 차이를 항상 점검해서 혼란을 겪지 않도록 해야 한다.

셋째, 조합원의 유형에 따라 세제가 달리 적용됨에도 유의해야 한다.

일반적으로 양도세에서 당초 토지 소유자를 원조합원, 이들의 권리와 의무를 관리처분계획인가일(관리처분인가일) 후에 승계하면 승계조합원으로 구분한다. 그런데 '소득세법'은 승계조합원보다는 원조합원에 대해 좀 더 다양한 혜택을 부여하고 있다. 예를 들어, 원조합원이 관리처분인가일 전에 2년 이상 주택으로 사용한 적이 있다면 이에 대해서는 양도세 비과세를 적용한다. 하지만 승계조합원은 이러한 제도를 적용하지 않는다. 한편 취득세의 경우, 이들의 구분이 별로 중요하지 않다. '지방세법'에서 정의된 조합원입주권에 해당하면 원조합원이든, 승계조합원이든 무조건 주택 수에 포함하기 때문이다. 다만, 지역조합주택조합 등의 조합원이 보유한 권리는 주택 수에 포함하지 않는 식으로 법을 적용하고 있다는 점은 특이하다.

🐨 독자들은 '도정법' 등의 원조합원과 승계조합원에게 적용되는 각종 세제상의 차이를 이해할 수 있어야 한다. 한편 기타 '주택법' 등에서도 조합원이 등장하지만, 이들에 대한 세제 적용은 '도정법' 등과 차이가 남에 유의해야 한다.

2

재건축 사업진행 방식에
따른 세무상 쟁점

재건축·재개발 사업은 국가나 지자체의 입장에서 매우 중요하다. 국민의 주거를 안정시키는 한편, 도시미관을 정비하는 관점에서 그렇다. 그런데 사업 규모가 크고 그에 따라 참여 인원이 상당함에 따라 법을 제정해 시행될 수밖에 없는 한계가 있다. 또한, 해당 법에서 정하고 있는 사업추진 방식이 환지 방식인지, 수용·사용 방식인지에 따라 재건축 세금의 내용이 달라진다는 문제점도 파생한다. 이에 대해 알아보자.

❶ 환지 방식

1) 개념

이는 재건축이나 재개발 등을 진행할 때 사업시행자가 토지 소유자 (조합원)의 토지를 매입하지 않고 개발이 끝난 후 토지나 건축물의 일부로 되돌려주는 사업 방식을 말한다. 이 과정에서 환지청산금이 발생하기도 한다. 주택과 관련된 환지 방식 사업의 근거 법률은 다음과 같다.

- '도정법'상의 재건축·재개발 사업(주거환경개선 사업은 제외)
- '소규모주택법'상의 모든 사업(자율주택, 가로주택, 소규모재건축, 소규모재개발 사업)

2) 환지 방식과 세무상 쟁점

이 방식에 따라 사업이 진행되면 다음과 같은 세무상 쟁점들이 발생한다.

① 양도소득세

- 토지 소유자(조합원)가 조합에 현물출자하는 것은 환지처분에 해당해 세법상 양도에 해당하지 않는다.[1] 따라서 현물출자 시에 양도세 과세문제가 발생하지 않는다.
- 토지 소유자가 환지처분에 따라 취득한 주택을 취득할 수 있는 권리는 조합원입주권에 해당한다. 한편 이러한 권리 외에 추가로 금전을 받을 수 있는데, 이를 "환지청산금"이라고 한다. 세법은 조합원입주권을 양도할 때, 그리고 환지청산금을 받을 때 양도세를 과세(또는 비과세)하게 된다.

② 취득세

- '지방세법'에서는 다음의 사업에서 취득한 것만 조합원입주권으로 보고 주택 수에 산입한다.

---

1) 환지처분에 대한 좀 더 자세한 개념은 제3장에서 살펴본다.

- '도정법'상의 재건축·재개발 사업(주거환경개선 사업은 제외)
- '소규모주택법'상의 소규모재건축 사업(자율주택, 가로주택, 소규모재 개발 사업은 제외)

• 앞의 입주권이 주택으로 완공되면 원시취득에 따른 취득세(2.8%) 를 적용한다.

❷ 수용·사용 방식[2)]

1) 개념

재건축이나 재개발 등을 진행할 때 토지 소유자의 토지를 매입해 진행하는 사업 방식을 말한다. 그리고 이때 이들에게 우선으로 주택을 분양받을 수 있는 권리를 부여한다. 수용·사용 방식 사업의 근거법률은 다음과 같다.

• '도정법'상의 주거환경개선 사업(일부는 환지 방식으로 추진 가능)
• '주택법'상의 지역주택조합·직장주택조합상의 사업
• '도시개발법'상의 사업 등

2) 수용·사용 방식과 세무상 쟁점

이 방식에 따라 사업이 진행되면 다음과 같은 세무상 쟁점들이 발생한다.

---

2) 세법은 원칙적으로 현물출자를 양도로 보며, 예외적으로 환지처분은 양도에서 제외한다. 따라서 수용·사용 방식에 의해 현물출자가 되면 이는 세법상 양도에 해당한다.

① 양도소득세

- 토지 소유자가 사업시행자에게 토지를 양도(현물출자)할 때 양도세 과세문제가 발생한다. 세법은 현물출자를 양도로 보고 있기 때문이다(앞의 ①의 환지 방식과 구분하기 바란다).

- 토지 소유자가 토지 양도로 받은 돈으로 취득한 권리는 조합원입주권으로 불려도 "'소득세법'상 주택분양권"에 해당한다.

② 취득세

- 다음의 사업에서 발생한 권리는 '지방세법'상 조합원입주권도 분양권도 아닌 것으로 해석하고 있다. 따라서 각 조합원들이 보유하고 있는 권리는 주택 수에 산입되지 않는다.[3]
  - '도정법'상의 주거환경개선 사업
  - '소규모주택법'상의 소규모재개발, 가로주택, 자율주택정비 사업
  - '주택법'상의 지역주택조합·직장주택조합상의 사업
  - '도시개발법'상의 사업 등

- 앞의 권리가 주택으로 완성된 경우에는 원시취득으로 보아 저렴한 취득세(2.8%)를 부과한다.

※ 환지 방식과 수용·사용 방식의 비교(양도세 관점)

구분	환지 방식	수용 또는 사용 방식
개념	토지 매입 없이 사업을 추진하는 방식	토지 매입 후 사업을 추진하는 방식
세법상 양도 해당 여부	×	○
현물출자에 대한 대가	조합원입주권(청산금)	주택분양권

---

3) 다만, 일반분양 절차에 따라 일반인이 보유한 권리는 주택분양권에 해당한다.

구분	환지 방식	수용 또는 사용 방식
세제의 적용	조합원입주권에 대한 세제 적용 **예** 양도세율 : 70%, 60%, 6~45%	주택분양권에 대한 세제 적용 **예** 양도세율 : 70%, 60%
사업종류	• '도정법'상 : 재건축·재개발정비 사업 • '소규모주택법'상 : 소규모재건축·소규모재개발·가로·자율주택정비 사업	• '도정법'상 주거환경개선 사업 • '주택법', '도시개발법' 등에 의한 사업
참고 : '지방세법'	• 재건축, 재개발, 소규모재건축 사업의 조합원입주권만 인정하고 이를 주택 수에 포함함. • 위 사업 외의 사업에서 발생한 조합원의 권리는 조합원입주권이나 주택분양권으로 인정하지 않고 주택 수에 포함하지 않음.[4]	

---

4) 이렇게 '지방세법'에서는 조합원입수권에 해낭하시 않으민 주덱분양권으로도 보지 않는다. 주택분양권은 통상 시행사를 통해 수분양자가 청약을 하고 당첨, 즉 "주택공급계약"을 통한 것으로 해석하고 있기 때문이다(저자는 이러한 견해에 동의하지 않는다. 그 이유는 이 장의 '심층분석'에서 언급한다).

조합원의 유형에 따른
세무상 쟁점

앞으로 우리가 살펴볼 주요 주제는 조합원(토지 소유자)과 관련된 세제, 그중 양도세에 관한 것이다. 아무래도 재건축 관련 세제들은 이를 중심으로 펼쳐질 수밖에 없기 때문이다. 그런데 정비 사업별로 조합원 유형에 따라 세제가 각기 적용되다 보니 조합원의 성격을 정확히 구분해야 할 필요성이 커지고 있다. 이하에서 이에 대해 알아보자.

❶ 조합원

주택정비 사업에서 조합원이란, 정비 사업에 참여하는 토지 소유자 등을 말한다. 이러한 조합원은 재건축 관련 법률에 따라 자격이 주어진다.

※ 저자 주

1년 이상 방치되어 있는 빈집과 리모델링 중에 있는 주택은 멸실되지 않은 관계로 입주권 등에 대한 세제가 적용되지 않고 기존주택에 대한 세제가 적용된다. 이에 따라 이 책에서는 빈집에 대해서는 특별한 언급을 하지 않았다. 다만, 최근 점점 많아지고 있는 주택리모델링 사업에 대한 세금체계는 9장 '심층분석'에서 별도로 정리를 해두었다.

❷ 조합원이 보유한 권리가 조합원입주권인지 주택분양권인지의 여부

재건축 관련 세제를 좀 더 잘 이해하기 위해서는 '도정법' 등과 그 외 법률에 따른 조합원을 구분하는 것부터 시작해야 한다. 전자의 조합원에 보유하고 있는 권리를 "조합원입주권", 후자의 조합원이 보유하고 있는 권리를 "주택분양권"으로 구분하기 때문이다. 단, 취득세의 경우 조합원의 구분이 아닌 사업의 종류가 중요함을 앞에서 살펴보았다.

1) '도정법' 등의 조합원

이 법에 따라 조합원이 가지고 있는 권리는 세법상 "조합원입주권"으로 구분하고, 이에 대해 별도로 마련된 세제를 적용한다.

2) '도정법' 등 외의 조합원

이 법에 따라 조합원이 가지고 있는 권리는 세법상 "주택분양권"으로, 주택분양권에 대한 세제가 적용되는 것이 원칙이다. 예를 들어 '주택법'에 따라 취득한 지역주택조합원의 권리는 조합원입수권은 아니나, 주택분양권에 해당한다(서면법규재산-2021-4466, 2022. 2. 11.).

❸ '도정법' 등 상의 원조합원과 승계조합원의 구분과 그 실익

앞의 조합원은 크게 "원조합원"과 "승계조합원"으로 구분되므로 이 부분도 정리가 되어야 한다. 적용되는 세제에서 차이가 발생하기 때문이다.

1) 원조합원과 승계조합원의 구분

'도정법' 등의 조합원(組合員)은 재건축이나 재개발 등에 따른 정비 사업조합의 구성원을 말한다. 즉 사업 주체인 조합의 구성원이 되므로 건축주에 해당하는 것이라고 할 수 있다. 그런데 양도세를 적용하는 '소득세법'에서는 관리처분인가일 전부터 조합원 자격을 확보한 사람을 원조합원이라고 하고, 원조합원의 권리의무를 관리처분인가일 후에 승계한 사람을 승계조합원이라고 한다.

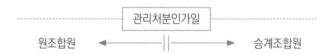

관리처분인가는 재건축 사업이 본격적으로 시작됨을 알려주는 사건이다. 실제 이날 이후에 조합원이 이주하게 되고 해당 건물이 멸실된 후 공사가 시작되기 때문이다.

※ 원조합원의 소유 부동산의 권리(조합원입주권) 변환일

구분	조합원입주권 구분기준	비고
'도정법'	관리처분인가일	
'소규모주택법'	사업시행계획인가일*	이 법에서는 '도정법'상의 관리처분인가제도가 없음.
비고 : '주택법'	사업계획승인일*	세법상 주택분양권으로 간주

* 둘 다 건축허가의 과정이다. 각 법률에 따라 건축허가의 과정에서 차이가 있다.

2) 원조합원과 승계조합원 구분의 실익

재건축 등과 관련된 세제는 조합원의 성격에 따라 적용되는 세제상 차이가 있다. 예를 들어, 재건축에 의해 완공된 주택에 대한 양도세 비과세를 적용할 때, '2년'을 기본적으로 보유해야 하는데, 이때 어느 날을 기준으로 할 것인지가 중요하다. 원조합원과 승계조합원을 비교하면 다음과 같다.

원조합원	승계조합원
• 기존주택 : 종전주택 취득일~신주택 양도일 • 부수토지 면적증가분[5] : 준공일~신주택 양도일	준공일~신주택 양도일

원조합원은 관리처분인가일 전부터 주택을 보유한 경우가 대부분이므로 기존주택 취득일을 시작점으로 해서 보유기간이 계산되나, 승계조합원은 관리처분인가일 후에 조합원입주권을 취득한 것이므로 '준공일'로 이연시켜 보유기간을 계산한다. 즉 이 경우, 승계조합원보다 원조합원이 세제상 우대를 받고 있음을 알 수 있다.

❹ 적용 사례

K씨는 다음과 같은 물건을 취득하려고 한다. 자료를 보고 물음에 답하면?

---

5) '도정법'에 따른 재개발 사업의 조합원이 당해 조합에 기존주택과 부수토지를 이전하고 청산금을 납부해 새로 주택(이하 "재건축주택")을 분양받은 경우로서 해당 재건축주택의 부수토지 면적이 기존 주택의 부수토지 면적보다 승가한 경우 그 승가된 부수토지는 재개발 사업에 따라 새로 취득한 것으로 보아 소령 제154조 제1항을 적용하며, 기존주택의 보유기간과 거주기간을 통산하지 않는 것임(사전-2021-법규재산-1049, 2022.3.29).

Q1 위의 물건을 취득하면 '지방세법'상 원조합원인가, 승계조합원인가?

'지방세법'에서는 원조합원과 승계조합원의 구분이 그리 중요하지 않다. 관리처분인가일 후라도 멸실되기 전에 주택을 취득하면 주택으로 보아 취득세를 부과하게 되며, 건물이 완공되면 조합원의 유형과 관계없이 원시취득에 대한 취득세를 부과하기 때문이다. 다만, 이때 재개발 사업의 정비구역지정 내의 조합원이 $85m^2$ 이하의 주택을 원시취득한 경우, 예외적으로 취득세를 감면(50~75%)하고 있다.

Q2 위의 물건을 취득하면 소득세법상 원조합원인가, 승계조합원인가?

'소득세법'에서는 관리처분인가일을 기준으로 그전의 조합원은 원조합원으로 그 후에는 승계조합원으로 분류한다. 따라서 사례의 경우에는 원조합원에 해당한다.

Q3 '소득세법'상에서 원조합원과 승계조합원을 구분하는 실익은?

주로 양도세 적용 면에서 차이가 나고 있다. 대표적인 것 몇 가지만 나열하면 다음과 같다.

구분	원조합원	승계조합원
• 공사 중 조합원입주권 양도 비과세 여부	가능	불가능
• 완공주택 양도세 비과세 2년 보유조건	기존주택 취득일~양도일	준공일~양도일

지역주택조합 등은 '도정법' 등이 아니라 '주택법'에 따라 설립된다. 따라서 이들 지역주택조합에 참여한 자도 조합원에 해당하지만, '소득세법'은 이들이 보유한 주택을 취득할 수 있는 권리를 "조합원입주권"으로 보지 않고 "주택분양권"으로 취급하고 있다(서면법규재산-2021-4466, 2022. 2. 11.).[6] 하지만 '지방세법'은 이들이 보유한 권리는 조합원입주권이나 주택분양권으로도 보지 않는다. 법에 명시가 되지 않았다는 이유에서다. 조합원입주권이 되려면 재건축, 재개발, 소규모재건축 사업의 조합원이 되어야 하는데 지역주택조합은 여기에 해당사항이 없다. 한편 주택분양권이 되려면 일반수분양자 신분에서 청약을 통해 계약이 되어야 하는데, 주택조합원은 이에도 해당하지 않기 때문이다(따라서 '지방세법'에서는 주택조합원이 아닌 일반수분양자로서 보유한 권리만이 주택분양권이 된다).

---

6) 기획재정부 재산세제과-40(2022. 1. 7)

　'주택법' 제2조 제11호 가목에 따른 지역주택조합의 조합원의 지위는 같은 법 제15조에 따른 사업계획승인일 이후에 한하여 소령 제155조 세1항 제2호에 따는 신규수택을 쉬득힐 수 있는 권리임.

　☞ 이는 양도세 과세 대상임을 말하며, 구체적인 세율을 적용할 때에는 '소득세법' 제88조에서 정하고 있는 조합원입주권이 아닌 분양권으로 구분한다.

조합원입주권과 주택분양권이
주택 수에 포함되면서
벌어지는 일

　최근 재건축 관련 세제가 복잡해진 이유 중 가장 큰 것은 조합원입주권과 주택분양권을 주택 수에 포함시킨 것이 아닐까 싶다. '소득세법'은 물론이고 '지방세법'에서도 이를 주택 수에 포함하면서 다양한 쟁점들이 파생하고 있기 때문이다. 그렇다면 이들이 주택 수에 포함되면서 어떤 일들이 벌어지게 되었을까?

❶ 취득세

　취득세는 부동산을 취득할 때 부과되는 지방세에 해당한다. 따라서 조합원입주권이나 주택분양권이 주택으로 완공되면 소유권을 보존하거나 이전하기 위해서 등기를 하게 된다. 그리고 이 과정에서 취득세를 내게 된다(원시취득세율은 2.8%, 유상취득세율은 1~12%). 그런데 2020년

8월 12일 이후에 취득한 조합원입주권과 주택분양권, 주거용 오피스텔 (주택분 재산세 부과 오피스텔을 말한다)이 취득자의 주택 수에 포함되면서 취득세가 알게 모르게 중과세되는 사례들이 자주 발생하고 있다. 예를 들어, 조합원입주권 1개를 보유한 상태에서 신규주택을 취득하면 총주택 수가 2개가 되어 신규주택에 대한 취득세율이 8%가 적용될 수도 있게 된다.

※ 조합원입주권과 주택분양권의 취득세율과 주택 수 포함 여부

구분	권리 완공 시 취득세율	주택 수 포함 여부*
조합원입주권	2.8%(원시취득)	○(2020.8.12. 이후)
주택분양권	1~12%(유상취득)	○(2020.8.12. 이후)

* 조합원입주권과 주택분양권에 해당하지 않으면 주택 수에 포함되지 않으나, 완공 시 원시취득에 대한 취득세(2.8%)를 내야 한다.

❷ 보유세

보유세 측면에서는 특별한 이슈가 없다.

※ 조합원입주권과 주택분양권 보유 시 보유세 과세 여부와 주택 수 포함 여부

구분	공사 중 보유세 과세 여부	보유세 부과 시 주택 수 포함 여부
조합원입주권	×(조합 납부)	×
주택분양권	×(조합 납부)	×

❸ 양도세

양도세는 부동산이나 권리를 유상으로 양도함에 따라 부과되는 세금을 말한다. 물론 비과세 요건을 갖춘 경우라면 비과세가 적용되기도 한다. 그런데 조합원입주권과 주택분양권도 '소득세법'상 주택 수에 포함되고 있다는 점에 주의해야 한다. 비과세와 중과세 등의 판단에 많은 영향을 미치고 있기 때문이다. 참고로 전자의 조합원입주권은 종전(2006.1.1.)부터 후자의 주택분양권은 2021년 1월 1일 이후 취득한 것부터 주택 수에 포함되고 있다.[7]

※ 조합원입주권과 주택분양권의 양도 시 과세 방식과 주택 수 포함 여부

구분	권리양도 시 과세 방식	양도세 비과세 및 중과세 판단 시 주택 수 포함 여부
조합원입주권	• 비과세 • 과세 시 세율 : 보유기간에 따른 세율 (70%, 60%, 6~45%)	○(종전부터 포함)
주택분양권	• 과세 시 세율 : 중과세율(70%, 60%)	○(2021.1.1. 이후)

Q '소득세법'상의 조합원입주권의 취득시기는 어떻게 되는가?

원조합원의 경우 '도정법'상의 재건축과 재개발은 "관리처분인가일", 소규모정비주택상의 소규모재건축 등은 "사업시행인가일"을 기준으로 한다.[8]

---

7) 주택분양권은 2021년 1월 1일 취득분부터 '소득세법'상 주택 수에 포함되어 다른 주택이나 조합원입주권에 대한 비과세나 과세 판단에 영향을 미치나, '소득세법' 제89조 제1항 제4호에서는 주택분양권이 주택 수에 포함되는 시기가 2022년 1월 1일 이후 취득분부터 적용되는 경우가 있다. 세법을 제때 개정하지 못해 이러한 일이 벌어지고 있음에 유의하자.

8) '소규모주택법'은 사업의 진행속도를 빨리하기 위해 도정법상의 관리처분인가 제도를 생략하고 있다.

구분	'도정법'	'소규모주택법'
조합원입주권 취득시기	관리처분인가일	사업시행인가일

한편 승계조합원의 경우에는 '잔금지급일'이 취득시기가 된다.

※ 소득세 집행기준 89-156의2-7 [조합원입주권에 해당되지 않은 경우]

'도정법'에 따른 재개발·재건축 사업으로 기존 상가를 소유한 자가 취득하는 상가조합원 입주권을 분양받을 수 있는 권리, 재개발·재건축 사업이 아닌 사업의 시행으로 인해 취득한 특별분양을 받을 수 있는 지위는 '소득세법' 제89조 제2항의 조합원입주권에 해당하지 않는다.

Tip 주택 수에 포함되는 입주권과 분양권이 세제에 미치는 영향 요약 ≫

입주권 등을 주택 수에 포함하는 것은 다주택자의 부담을 높이게 된다. 주택 수가 증가하면 취득세 중과세가 적용되고 양도세 비과세가 적용되지 않을 가능성이 크기 때문이다. 따라서 이들이 주택 수에 포함되는지의 여부는 당사자에게는 매우 중요한 사건이 될 수 있다. 아래 표로 이러한 내용을 정리해보자.

구분		취득세	양도세
주택 수에 포함되는 시기		2020.8.12. 이후 취득분	2021.1.1. 이후 취득분 (입주권은 2006.1.1.)
주택 수 증가에 따른 효과		취득세 중과세 가능성↑	• 양도세 비과세 가능성↓ • 양도세 중과세 가능성↑
적용 대상	조합원입주권	'도정법' 등에 따른 조합원의 권리	좌동 (단, 일부 사업에서 차이)
	주택분양권	'주택법' 등에 따른 일반분양분	좌동 (단, 조합원의 권리도 포함)
비고		위에 열거되지 않는 것들은 주택 수에 포함되지 않음 (예 : 임의재건축).	

'소득세법'상 조합원입주권과 주택분양권의 범위

조합원입주권과 주택분양권의 과세체계는 확연히 다르다. 아무래도 전자는 준부동산에 해당하고, 후자는 단순한 권리에 해당하다 보니 차이가 발생하는 것으로 볼 수 있다. 따라서 초보자의 관점에서 조합원입주권과 주택분양권을 제대로 구분하는 것이 중요할 수밖에 없다. 이하에서는 '소득세법'상의 구분 방법을 먼저 보고, '지방세법'에 대해서는 뒤이어 살펴보자.

❶ '소득세법'상 조합원입주권과 주택분양권의 범위

1) '소득세법'상 조합원입주권의 범위

'소득세법'에서는 조합원입주권에 대한 정의를 동법 제88조 제9호에 두고 있다.

9. "조합원입주권"이란 '도정법' 제74조에 따른 관리처분계획의 인가 및 '소규모주택
   법' 제29조에 따른 사업시행인가로 인하여 취득한 입주자로 선정된 지위를 말한
   다. 이 경우 '도정법'에 따른 재건축 사업 또는 재개발 사업, '소규모주택법'에 따른
   자율주택정비 사업, 가로주택정비 사업, 소규모재건축 사업 또는 소규모재개발 사
   업을 시행하는 정비 사업조합의 조합원(같은 법 제22조에 따라 주민합의체를 구성하
   는 경우에는 같은 법 제2조 제6호의 토지 등 소유자를 말한다)으로서 취득한 것(그 조합
   원으로부터 취득한 것을 포함한다)으로 한정하며, 이에 딸린 토지를 포함한다.

'소득세법'상 조합원입주권은 2가지 법률에 따른 정비 사업에서 관리처
분인가나 사업시행인가로 인해 취득한 입주자로 선정된 지위를 말한다.

- '도정법'상 재건축·재개발 사업(주거환경개선 사업은 제외)
- '소규모주택법'상 자율주택, 가로주택, 소규모재건축, 소규모재개발
  사업(단, 자율, 가로, 소규모재개발 사업상의 지위는 2022년부터 입주권으로 분류됨)

2) '소득세법'상 주택분양권의 범위

'소득세법'상 주택분양권에 대해서는 동법 제88조 제10호에서 정의
하고 있는데 이를 살펴보면 다음과 같다.

10. "주택분양권"이란 '주택법' 등 대통령령으로 정하는 법률에 따른 주택에 대한 공
    급계약[9]을 통하여 주택을 공급받는 자로 선정된 지위(해당 지위를 매매 또는 증여
    등의 방법으로 취득한 것을 포함한다)를 말한다.

---

9) '소득세법'에서의 "주택에 대한 공급계약"은 조합원 또는 수분양자와 사업시행자(조합 등) 간의 공급계
   약으로 해석하고 있는 것으로 보인나. 따라서 소합원입수권이 아니면 나머지는 대부분 주택분양권으로
   보아 양도세를 적용한다. 하지만 '지방세법'은 "주택공급계약"을 수분양자가 모집공고에 따라 청약을 통
   해 계약한 것으로 보고 세법을 적용하고 있는 것으로 보인다.

앞에서 "'주택법' 등 대통령령으로 정하는 법률"이란 다음 각 호의 법률을 말한다(소령 제152조의4).

1. '건축물의 분양에 관한 법률'
2. '공공주택 특별법'
3. '도시개발법'
4. '도정법'
5. '소규모주택법'
6. '산업입지 및 개발에 관한 법률'
7. '주택법'
8. '택지개발촉진법'

이러한 내용을 보면 주택분양권은 위에서 열거한 법률에 따라 주택을 공급받는 자로 선정된 지위를 말하며, 여기에는 매매(전매) 또는 증여 등의 방법으로 취득한 것을 포함한다고 하고 있다. 따라서 주택분양권이 어떤 법률에 따라 생성되는지부터 확인할 필요가 있다.

※ '소득세법'상 조합원입주권과 분양권의 범위

구분		2021년	2022년 이후
'도정법'상 조합원	재건축 사업	입주권	좌동
	재개발 사업	입주권	좌동
	주거환경개선 사업	분양권	좌동
'소규모주택법'상 조합원	소규모재건축 사업	입주권	좌동
	자율주택정비 사업	분양권	입주권
	가로주택정비 사업	분양권	입주권
	소규모재개발 사업	분양권	입주권

구분		2021년	2022년 이후
기타 법률상 수분양자	1. '건축물의 분양에 관한 법률' 2. '공공주택 특별법' 3. '도시개발법' 4. '도정법' 5. '소규모주택법' 6. '산업입지 및 개발에 관한 법률' 7. '주택법' 8. '택지개발촉진법'	분양권	좌동

이 표에서 '도정법'상의 주거환경개선 사업에 따라 취득한 권리는 세법상 조합원입주권이 아닌 주택분양권에 해당한다(저자 의견). 한편 '소규모주택법'상의 가로주택정비 사업 등에 따라 보유한 조합원의 권리는 2022년 이후 취득한 것부터 조합원입주권으로 분류하고 2021년 이전에 취득한 것들은 실무적으로 주택분양권으로 분류한다(저자 의견이므로 유권해석을 통해 확인하기 바란다).

❷ 적용 사례

앞의 내용을 사례를 통해 알아보자.

Q1 **'주택법'상 지역주택조합원으로 주택을 출자하고 주택을 취득할 수 있는 권리를 보유하고 있다. 이 권리는 '소득세법'상 조합원입주권인가, 주택분양권인가?**

'소득세법'상 조합원입주권은 '도정법'과 '소규모수택법'상의 소합원이 보유한 것만 인정된다. 따라서 사례의 경우에는 주택분양권에 해당

한다. 참고로 '지방세법'에서는 지역주택조합원이 보유한 권리는 조합
원입주권이나 분양권에 미해당한다. 따라서 주택 수에 미포함된다(입법
미비사항으로 보임).

Q2 Q1의 경우, 주택분양권에 대해 양도세 비과세는 성립하지 않는가?

그렇다. 주택분양권은 주택으로 보유한 기능이 없기 때문이다. 따라
서 당초 조합에 출자한 날[10]이나 주택분양권이 주택으로 취득된 날을
기준으로 비과세 요건을 갖추면 1세대 1주택 비과세를 받을 수 있다.

Q3 1주택을 보유 중에 '주택법'에 따라 주택분양권을 당첨받았다. 이
경우 일시적 2주택 양도세 비과세를 받기 위해서는 종전주택을 언
제까지 양도해야 할까?

주택분양권도 2021년부터 주택 수에 포함되므로 2주택이 된다. 따
라서 일시적 2주택으로 주택을 양도해야 하는데, 이때 처분기한은 3년
이 주어진다. 그런데 3년 이내 완공이 되지 않으면 거주지가 마땅치 않
게 된다. 이에 세법은 완공 후 3년(2023.1.12. 이후 양도분)까지 종전주택을
양도하면 비과세를 적용해준다(실거주요건 등은 별도로 충족해야 함).

Q4 주택분양권을 양도하면 과세가 되는데, 이 경우 세율은 어떻게 되
는가?

2021년 6월 1일 이후부터 1년 미만은 70%, 1년 이상은 60%가 적
용된다. 참고로 조합원입주권은 1년 미만은 70%, 1~2년 미만은 60%,

---

10) '도정법' 등에 따라 조합에 현물출자한 것은 환지처분에 해당해 출자 시 양도세가 과세되지 않지만,
'주택법' 등에 따라 조합에 현물출자한 것은 양도에 해당해 출자 시 양도세가 과세된다. 이에 대한
자세한 내용은 제3장에서 살펴보자.

2년 이상 보유는 6~45%가 적용된다.

Q5 '소득세법'상 주택분양권의 취득시기는 어떻게 되는가?

청약에 당첨된 경우	전매 또는 증여를 통해 취득한 경우
청약 당첨일 (기재부 재산세제과-85, 2022.1.14)*	잔금청산일 또는 증여일

* '지방세법'은 계약일

※ 소득세 집행기준 98-162-16 [부동산을 취득할 수 있는 권리의 취득시기]

부동산의 분양계약을 체결한 자가 해당 계약에 관한 모든 권리를 양도하는 경우 그 권리에 대한 취득시기는 해당 부동산을 분양받을 수 있는 권리가 확정되는 날(아파트 당첨권은 당첨일)이고, 타인으로부터 그 권리를 인수받은 때는 잔금청산일이 취득시기가 된다.

Tip '소득세법'상 조합원입주권과 주택분양권의 세제 요약 »

구분	조합원입주권	주택분양권
정의	열거된 '도정법' 등에 따른 조합원 권리	열거된 '주택법' 등에 따른 조합원·수분양자의 권리
주택 수 포함 여부 및 효과	• 포함(2006년) • 다른 주택 비과세와 중과세 판단에 영향	• 포함(2021년)* • 다른 주택 비과세와 중과세 판단에 영향
권리양도 시 비과세	가능	불가능
권리양도 시 세율	일반세율	중과세율*

* 미열거된 '건축법'에 따른 빌라분양권은 '소득세법'상 주택분양권의 정의에 부합하지 않아 주택수에는 제외되므로 소령 제156조의3(주택과 분양권 소유 시 1세대 1주택 특례)가 적용되지 않으나, 소법 제94조 제1항 제2호의 양도세 과세 대상인 "부동산을 취득할 수 있는 권리"에 해당하므로 중과세율(70%, 60%) 적용된다. 따라서 "주택 수 포함"의 요소는 다른 주택의 비과세와 중과세 판단에 직접적인 영향을 미친다.

'지방세법'상 조합원입주권과 주택분양권의 범위

'지방세법'에서는 2020년 8월 12일 이후에 취득한 조합원입주권이나 주택분양권을 주택 수에 포함해서 취득세 중과세제도를 적용하고 있다. 그런데 이러한 입주권과 분양권의 범위가 앞에서 본 '소득세법'과 다소 차이가 나고 있다. 이 점에 유의해 다음의 내용을 살펴보기 바란다.

❶ '지방세법'상 조합원입주권과 주택분양권의 범위

1) '지방세법'상 조합원입주권의 범위

'지방세법' 제13조의2 제2호에서는 다음과 같은 조합원입주권을 소유자의 주택 수에 가산하도록 하고 있다.

2. '도정법' 제74조에 따른 관리처분계획의 인가 및 '소규모주택법' 제29조에 따른 사업시행계획인가로 인하여 취득한 입주자로 선정된 지위['도정법'에 따른 재건축 사업 또는 재개발 사업, '소규모주택법'에 따른 소규모재건축 사업을 시행하는 정비 사업조합의 조합원으로서 취득한 것(그 조합원으로부터 취득한 것을 포함한다)으로 한정하며, 이에 딸린 토지를 포함한다. 이하 이 조에서 "조합원입주권"이라 한다]는 해당 주거용 건축물이 멸실된 경우라도 해당 조합원입주권 소유자의 주택 수에 가산한다(2020.08.12. 신설).

이러한 조합원입주권은 앞에서 본 '소득세법'과 차이가 있다. 이를 비교하면 다음과 같다(2023년 9월 현재 기준).

구분		'소득세법'	'지방세법'
'도정법'	재건축 사업	입주권	입주권
	재개발 사업	입주권	입주권
	주거환경개선 사업	분양권	-*
'소규모주택법'	소규모재건축 사업	입주권 (주민협의체 방식 포함)	입주권 (주민협의체 방식 제외)
	자율주택정비 사업	분양권	-*
	가로주택정비 사업	분양권	-*
	소규모재개발 사업	분양권	-*

* 이 경우에는 지방세법상 입주권에도 분양권에도 미해당함.

'소득세법'에서는 최근 세법을 개정해 2022년부터 '소규모주택법'상의 가로·자율, 소규모재개발 사업에 따른 조합원의 권리를 조합원입주권으로 편입시켰지만, '지방세법'은 개정을 하지 않아 이와 같은 차이가 발생하고 있다('지방세법' 제13조의3).

2) '지방세법'상 주택분양권의 범위

'지방세법'상 주택 수에 포함되는 주택분양권은 동법 제13조의3 제3호에서 다음과 같이 정하고 있다.

> 3. '부동산 거래신고 등에 관한 법률' 제3조 제1항 제2호에 따른 "부동산에 대한 공급계약"을 통하여 주택을 공급받는 자로 선정된 지위(해당 지위를 매매 또는 증여 등의 방법으로 취득한 것을 포함한다. 이하 이 조에서 "주택분양권"이라 한다)는 해당 주택분양권을 소유한 자의 주택 수에 가산한다(2020.08.12. 신설).

'지방세법'상 "주택분양권"의 정의는 앞에서 본 '소득세법'상 주택분양권의 범위와 다소 다르다. 전자의 경우 조합원입주권 외의 모든 조합원의 권리는 원칙적으로 주택분양권으로 구분하지만, 후자는 조합원입주권 외의 권리 중 수분양자의 것만 주택분양권으로 구분하고 있다.[11]

※ '지방세법'상 조합원입주권과 주택분양권의 범위

구분		'소득세법'	'지방세법'
'도정법'상 조합원	재건축 사업	입주권	좌동
	재개발 사업	입주권	좌동
	주거환경개선 사업	분양권	-*1
'소규모주택법'상 조합원	소규모재건축 사업	입주권	좌동(단, 주민협의체 방식은 제외)*2
	자율주택정비 사업	입주권	-*1
	가로주택정비 사업	입주권	-*1
	소규모재개발 사업	입주권	-*1

---

11) 이러한 차이가 발생한 이유에 대해서는 이 장의 '심층분석' 편을 참조할 것

구분		'소득세법'	'지방세법'
기타 법률상 수분양자	1. '건축물의 분양에 관한 법률' 2. '공공주택 특별법' 3. '도시개발법' 4. '도정법' 5. '소규모주택법' 6. '산업입지 및 개발에 관한 법률' 7. '주택법' 8. '택지개발촉진법'	분양권	좌동 (단, 수분양자로서의 분양권을 말함)

*1 '지방세법'에서는 법에 열거되지 않는 사업에서 발생한 조합원의 입주권은 조합원입주권과 주택분양권에서 모두 제외하고 있다('소득세법'과 불일치함).

*2 참여자가 극히 소수(20명 미만)에 해당하는 경우 조합설립 대신 주민들이 협의체를 구성하여 소규모 재건축 사업 등을 진행하는데 이때 '소득세법'은 이들이 보유한 권리에 대해서는 2022년부터 조합원입주권으로 보나, '지방세법'은 이들에 대해서는 조합원입주권이나 분양권으로 보지 않는다. 실무적으로 미세한 차이가 있음에 유의하자.

② 적용 사례 1

앞의 내용을 사례를 통해 확인해보자.

Q1 '도정법'상 재개발 사업에 의한 조합원의 권리와 동법에 따른 주거환경개선 사업에 의한 조합원의 권리는 '지방세법'상 어떻게 구분되는가?

전자의 경우 "조합원입주권"으로, 후자는 조합원입주권으로 보지 않는다. 후자의 경우 주택분양권에서도 제외된다.[12]

---

12) '도정법'상 주거환경개선 사업에 따른 조합원의 권리는 '소득세법'이나 '지방세법'상 조합원입주권으로 보지 않는다. 그렇다면 주택분양권에 해당할까? 이에 대해 '소득세법'은 분양권으로 보고 과세하나, '지방세법'은 분양권도 아니라고 한다. 이렇게 되면 중과 취득세를 적용할 때 주택 수에 산입되지 않는다.

Q2 청약 당첨을 통해 취득한 부동산 권리는 주택분양권에 해당한다. 이 주택분양권을 취득하면 이때 취득세를 내야 하는가?

주택분양권은 부동산이 아니므로 취득세는 부과받지 않는다. 나중에 완공 후 취득할 때 취득세[13]를 내게 된다.

Q3 이러한 주택분양권을 보유한 상태에서 신규주택을 취득하면 신규주택에 대한 취득세율은?

2020년 8월 12일 이후 취득한 주택분양권도 주택 수에 포함되므로 이 경우 신규주택에 대한 취득세율은 8%가 적용될 수 있다. 다만, 해당 주택이 비조정지역에 소재하거나 일시적 2주택으로 양도하면 기본세율을 적용받을 수 있다.

③ 적용 사례 2

Q1 '도정법'상의 재건축 사업에 의해 확보한 조합원의 권리는 '소득세법'과 '지방세법'상 주택 수에 포함되는가?

그렇다. '소득세법'은 예전부터, '지방세법'은 2020년 8월 12일 이후부터 주택 수에 포함되고 있다.

Q2 '소규모주택법'에 따른 소규모재개발 사업에 의해 확보한 입주자 지위는 세법상 조합원입주권에 해당하는가?

종전에 '소득세법'에서는 '소규모주택법'상의 소규모재건축 사업에서의 조합원입주권만 인정하고 나머지는 주택분양권으로 분류했으나,

---

13) 청약 당첨은 유상취득취득에 해당하므로 취득세는 1~12%가 부과될 수 있다.

2022년부터는 4가지 유형의 사업에서 발생한 권리를 모두 조합원입주권으로 인정했다. 하지만 '지방세법'에서는 2023년 9월 현재 소규모재건축 사업에서 획득한 지위만 '지방세법'상 조합원입주권으로 인정하고 있다. 따라서 물음의 조합원의 지위는 '지방세법'상 조합원입주권에서 제외되고 있다. 또한, 이러한 권리는 '지방세법'상 분양권에서도 제외되고 있다. 수분양자의 지위에서 취득한 것만 주택분양권으로 보기 때문이다.

Q3 '주택법'에 의해 진행되는 지역주택조합에서 확보한 조합원의 입주자 지위는 세법상 조합원입주권에 해당하는가?

지역주택조합이나 직장주택조합 등을 통한 사업은 앞의 2가지 법률이 아닌 '주택법'에 따라 진행된다. 이에 '소득세법'은 해당 조합원이 보유하고 있는 지위는 조합원입주권이 아닌 "주택분양권"으로 분류해서 세제를 적용하고 있다. 하지만 '지방세법'은 세법상 권리로 보지 않고 있다.

Tip '지방세법'상 조합원입주권과 주택분양권의 세제 요약 ≫

구분	조합원입주권	주택분양권
정의	열거된 '도정법' 등에 따른 조합원 권리	열거된 '주택법' 등에 따른 수분양자의 권리
주택 수 포함 여부 및 효과	• 포함(2020. 8. 12.) • 다른 주택에 대한 취득세 중과세에 영향	
취득세율	2.8%(완공)	1~12%(잔금)

개인이 임의로
재건축을 하는 경우

앞에서 본 법률과 관계없이 개인이 소유하고 있는 주택이 노후화가 진행되어 단독으로 재건축하는 경우도 종종 있다. 또한, 몇 사람들이 모여 재건축하는 경우도 있다. 그렇다면 이들에 대해 세법은 어떤 식으로 취급할까? 이하에서 정리해보자.

❶ 개인이 단독으로 재건축한 경우

1) '소득세법'상

개인이 단독으로 주택을 보유하고 있다가 노후화 등의 이유로 주택을 허물고 새로 짓는 경우가 있다. 이때 공사 중에 있는 주택에 대해 '소득세법'은 주택이나 조합원입주권, 분양권으로 보지 않고 토지로 본다. 따라서 이 상태에서 이를 양도하면 토지의 양도로 본다.

사례를 통해 이 부분을 간략하게 정리해보자.

Q1 이러한 상황에서 양도세 비과세가 가능한가?

오래된 2주택을 보유하고 있어 1세대 1주택에 대한 비과세가 가능하지 않다.

Q2 이러한 상황에서 단독주택을 임의로 멸실시켰다고 하자. 이 경우, 멸실된 주택도 세법상 조합원입주권 또는 주택분양권에 해당하는가?

일단 물음에서처럼 개인이 임의로 멸실한 것은 세법상의 조합원입주권이나 주택분양권으로 취급하지 않는다. 나대지 위에 상가도 지을 수 있고 건축을 하지 않을 수도 있는데, 조합원입주권 등으로 취급하면 세법이 국민생활을 지나치게 위축시킬 수 있기 때문이다. 이러한 관점에서 보면 세법상의 조합원입주권이나 주택분양권이 되기 위해서는 어느 정도 사업규모가 있어 앞에서 본 '도정법'이나 '주택법' 같은 법률절차에 따라야 한다. 사례의 노후화에 따른 재건축은 '건축법'을 적용받는다.

Q3 이와 같이 멸실시킨 후 남은 주택을 양도하면 비과세가 가능할까?

그렇다. "양도일 현재" 1세대 1주택에 해당하기 때문이다.

2) '지방세법'상

개인이 소유한 주택을 멸실시킨 후 임의로 재건축한 경우 해당 물건은 '지방세법'상 주택, 조합원입주권, 주택분양권에 해당하지 않는다. 8개 법률에 따른 부동산 공급계약과 무관하기 때문이다. 따라서 이러한 물건은 주택 수에 포함되지 않는다.

Q 개인이 현재 주택을 신축하고 있다. 해당 물건 외 다른 주택을 취득하면 주택 수가 몇 채에 해당하는가?

1세대 1주택자가 된다. 개인이 임의로 공사 중에 있는 주택은 '지방세법'상 조합원입주권이나 주택분양권에 해당하지 않는다.

② 연립주택을 재건축한 경우

통상 4층 이하의 연립주택이 노후화가 되어 이를 재건축하는 경우가 있다. 이때 공사비는 일부 일반분양을 통해 충당되기도 한다. 따라서 이러한 재건축 방식에서는 원래 주인들과 일반분양을 받은 자들이 관여하게 된다. 이하에서 이들에 대한 세무상 쟁점을 정리해보자.

1) '소득세법'상

공동사업에 현물출자하면 '소득세법'은 이를 양도로 본다. 따라서 현물출자일을 기준으로 양도세가 비과세 또는 과세가 된다. 한편 소유자가 보유한 권리는 '소득세법' 제88조에서 정의하고 있는 조합원입주권이나 분양권에 미해당한다. 사례의 경우 '건축법'을 적용받기 때문이다.

Q1 연립주택 한 동에 살던 입주자들이 모여 임의재건축(일부는 분양)을 진행하려고 한다. 만일 실제 철거가 되고 공사가 진행된 경우 이때 이들이 보유하고 있는 권리는 '소득세법'상 조합원입주권인가, 주택분양권인가?

'도정법'이나 '소규모주택법'을 적용받으면 조합원입주권으로 구분되겠지만, 위의 사업은 이와 관련이 없다. 한편 위의 임의재건축은 '건축법'을 적용받으므로 '소득세법'상 주택분양권에도 해당하지 않는다 (저자 의견).

Q2 임의재건축에 따라 보유하고 있는 권리는 '소득세법' 제88조에서 정의하고 있는 분양권에는 미해당한다. 그렇다면 이 권리를 양도하면 양도세는 부과되지 않는가?

아니다. '소득세법' 제94조 제1항 제2호에서는 조합원입주권과 주택분양권, 그리고 이외의 권리를 모두 "부동산을 취득할 수 있는 권리"에 포함해서 양도세 과세 대상으로 분류하고 있기 때문이다.

Q3 임의재건축으로 완공된 주택은 비과세가 가능한가?

현물출자를 거쳐 완공된 주택은 사용승인일이 주택의 취득시기가 된다. 따라서 이날을 기준으로 2년 보유 등을 한 후에 양도해야 비과세가 가능할 것으로 보인다(아래 예규 참조).

※ 서면인터넷방문상담4팀-148, 2006.1.27

1. 거주자가 공동사업(주택신축판매업 등)을 경영할 것을 약정하는 계약에 의하여 토지 등을 당해 공동사업에 현물출자하는 경우, '소득세법' 제88조 제1항의 규정에 의하여 현물출자하는 날 또는 등기접수일 중 빠른 날에 당해 자산 전체가 사실상 유상으로 양도된 것으로 보는 것임.

2. 1.의 공동사업자가 공동으로 건축물을 신축하여 그중 본인들이 자가 사용하는 건축물을 양도하고 양도차익을 산정함에 있어 그 취득시기는 소령 제162조 제1항 제4호의 규정에 의하여 건물의 경우 사용검사필증교부일(다만, 사용검사 전에 사실상 사용하거나 사용승인을 얻은 경우에는 그 사실상의 사용일 또는 사용승인일)이 되는 것이며, 그 부수토지는 현물출자한 날이 되는 것임.

또한, 양도하는 건축물(그 부수토지를 포함)의 취득가액은 공동사업에 현물출자한 날 현재 당해 토지 등의 가액과 공사비의 합계액이 되는 것이며, 동 건축물이 고가주택인 1세대 1주택에 해당하는 경우 양도차익의 계산은 같은 영 제160조의 규정에 의하는 것임.

2) '지방세법'상

연립주택의 임의재건축은 '도정법'이나 '소규모주택법'을 적용받지 않으므로 '지방세법'상 조합원입주권에 해당하지 않으며, 소유자들이 보유한 권리는 '주택법' 등에 의한 수분양자로서 청약에 의한 주택공급계약이 아니므로 주택 수에 포함되지 않는다.

Q1 연립주택 한 동에 살던 입주자들이 모여 임의재건축을 진행하려고 한다. 만일 실제 철거가 되고 공사가 진행된 경우 이때 이들이 보유하고 있는 권리는 '지방세법'상 조합원입주권인가, 주택분양권인가?

어느 권리에도 속하지 않는다. 전자의 경우 '도정법' 등과 무관하고, 후자의 경우 '주택법' 등에 따른 주택공급계약도 아니기 때문이다.

Q2 연립주택 재건축에서 일반분양을 받은 자가 있다고 하자. 그가 보유한 권리는 '지방세법'상 주택분양권에 해당하는가?

아니다. 이는 '건축법'에 따라 개별분양되는 것에 해당하기 때문이다.

Q3 **Q1, Q2에서 재건축이 완료된 경우 취득세는 어떻게 납부하는가?**

원래 소유자는 원시취득에 대한 취득세율(2.8%)로, 분양을 받은 경우에는 유상취득에 대한 취득세율(1~12%)를 부과받을 것으로 보인다.

Tip 세법상 조합원입주권과 주택분양권의 범위 요약			»
구분	**'소득세법'**	**'지방세법'**	**비고**
조합원 입주권	아래 사업에서 취득한 조합원의 권리	아래 사업에서 취득한 조합원의 권리	
	• '도정법'상 재건축·재개발 사업 • '소규모주택법' 상 소규모재건축, 소규모재개발, 가로·자율주택정비 사업	• 좌동 • '소규모주택법' 중 소규모재건축 사업	'소득세법'과 '지방세법'의 범위가 불일치함.
분양권	아래 법률에 따른 조합원과 수분양자의 권리	아래 법률에 따른 수분양자의 권리	
	1. '건축물의 분양에 관한 법률' 2. '공공주택 특별법' 3. '도시개발법' 4. '도정법' 5. '소규모주택법' 6. '산업입지 및 개발에 관한 법률' 7. '주택법' 8. '택지개발촉진법'		'소득세법'과 '지방세법'의 범위가 불일치함.

☞ 통상 29세대 이하의 공동주택(빌라, 다세대주택)의 건축은 '건축법'을 적용받는다. 따라서 이러한 주택을 분양받은 경우 위에서 열거된 8개의 법률과 무관하므로 '지방세법'과 '소득세법' 모두 주택분양권으로 보지 않는다. 그 결과 취득세와 양도세에서 주택 수에 포함되지 않는다. 이렇게 주택 수에 포함되지 않으면 취득세는 중과세의 가능성이 줄어들고 양도세는 비과세의 가능성이 높아진다(참고로 빌라를 취득하면 취득 당시의 수택 수에 따라 1~12%의 취득세가 부과되며 빌라를 완공되기 전에 양도하면 분양권에 대한 세율이 잔금일 이후에 양도하면 주택에 대한 양도세율이 적용된다).

'소득세법'과 '지방세법'상 조합원입주권과 주택분양권의 범위에서 차이가 발생한 이유

재건축 세금을 이해하는 데 가장 큰 걸림돌 중 하나가 바로 '소득세법'과 '지방세법'에서 정하고 있는 조합원입주권과 주택분양권의 범위가 아닌가 싶다. 두 세목에서 상당한 차이가 발생하고 있기 때문이다. 그렇다면 왜 이러한 차이가 발생하고 있는지에 대해 검토해보자.

1. 조합원입주권과 주택분양권에 대한 조문 비교

구분	'소득세법' 제88조	'지방세법' 제13조의3
조합원 입주권	9. "조합원입주권"이란 '도정법' 제74조에 따른 관리처분계획의 인가 및 '소규모주택법' 제29조에 따른 사업시행계획인가로 인하여 취득한 입주자로 선정된 지위를 말한다. 이 경우 '도정법'에 따른 재건축 사업 또는 재개발 사업, '소규모주택법'에 따른 자율주택정비 사업, 가로주택정비 사업, 소규모재건축 사업 또는 소규모재개발 사업을 시행하는 정비 사업조합의 조합원(같은 법 제22조에 따라 주민합의체를 구성하는 경우에는 같은 법 제2조 제6호의 토지 등 소유자를 말한다)으로서 취득한 것(그 조합원으로부터 취득한 것을 포함한다)으로 한정하며, 이에 딸린 토지를 포함한다(2021.12.08. 후단 개정).	2. '도정법' 제74조에 따른 관리처분계획의 인가 및 '소규모주택법' 제29조에 따른 사업시행계획인가로 인하여 취득한 입주자로 선정된 지위['도정법'에 따른 재건축 사업 또는 재개발 사업, '소규모주택법'에 따른 소규모재건축 사업을 시행하는 정비 사업조합의 조합원으로서 취득한 것(그 조합원으로부터 취득한 것을 포함한다)으로 한정하며, 이에 딸린 토지를 포함한다. 이하 이 조에서 "조합원입주권"이라 한다]는 해당 주거용 건축물이 멸실된 경우라도 해당 조합원입주권 소유자의 주택 수에 가산한다(2020.08.12. 신설).

구분	'소득세법' 제88조	'지방세법' 제13조의3
분양권	10. "분양권"이란, '주택법' 등 대통령령으로 정하는 법률에 따른 주택에 대한 공급계약을 통하여 주택을 공급받는 자로 선정된 지위(해당 지위를 매매 또는 증여 등의 방법으로 취득한 것을 포함한다)를 말한다(2020.08.18. 신설).	3. '부동산 거래신고 등에 관한 법률' 제3조 제1항 제2호에 따른 "부동산에 대한 공급계약"을 통하여 주택을 공급받는 자로 선정된 지위(해당 지위를 매매 또는 증여 등의 방법으로 취득한 것을 포함한다. 이하 이 조에서 "주택분양권"이라 한다)는 해당 주택분양권을 소유한 자의 주택 수에 가산한다(2020.08.12. 신설).

2. 조문 분석

1) 조합원입주권

조합원입주권의 경우 '소득세법'과 '지방세법'상 차이가 발생하는데, 그 이유는 '소득세법'이 한 차례 개정을 통해 '소규모주택법'상 소규모재개발, 가로·자율주택정비 사업상의 조합원 권리도 2022년부터 조합원입주권에 포함시켰지만, '지방세법'은 개정작업이 없었기 때문이다(입법 미비사항으로 보임).

2) 주택분양권

주택분양권의 경우 '소득세법'은 조합원입주권 외의 권리는 소유자가 조합원이든, 수분양자든 이와 관계없이 주택분양권으로 보지만[14], '지방세법'은 수분양자가 보유한 권리만 주택분양권으로

---

14) '소득세법' 제94조에서는 "부동산을 취득할 수 있는 권리"를 양도세 과세 대상으로 하고 있고, 제88조에서는 "조합원입주권"과 "주택분양권"에 대해 별도로 정의를 하고 있고, 제104조에서

보는 차이가 있다.

그렇다면 '지방세법'은 왜 수분양자가 보유한 권리만 주택분양권으로 보아 주택 수에 산입할까? 이는 다름 아닌 다음과 같은 문구 때문이 아닌가 싶다.

> '부동산 거래신고 등에 관한 법률' 제3조 제1항 제2호에 따른 "부동산에 대한 공급계약"을 통하여 주택을 공급받는 자로 선정된 지위…(중략)

여기서 '부동산 거래신고 등에 관한 법률(부동산 거래신고법)' 제3조 제1항 제2호는 다음과 같다.

> 제3조 (부동산 거래의 신고)
> ① 거래당사자는 다음 각 호의 어느 하나에 해당하는 계약을 체결한 경우 그 실제 거래가격 등 대통령령으로 정하는 사항을 거래계약의 체결일부터 30일 이내에 그 권리의 대상인 부동산 등(권리에 관한 계약의 경우에는 그 권리의 대상인 부동산을 말한다)의 소재지를 관할하는 시장·군수 또는 구청장에게 공동으로 신고하여야 한다.
> 1. 부동산의 매매계약
> 2. '택지개발촉진법', '주택법' 등 대통령령으로 정하는 법률에 따른 부동산에 대한 공급계약
> 3. 다음 각 목의 어느 하나에 해당하는 지위의 매매계약[15]
>   가. 제2호에 따른 계약을 통하여 부동산을 공급받는 자로 선정된 지위
>   나. '도시 및 주거환경정비법' 제74조에 따른 관리처분계획의 인가 및 '빈집 및 소규모주택 정비에 관한 특례법' 제29조에 따른 사업시행계획 인가로 취득한 입주자로 선정된 지위

는 조합원입주권과 주택분양권에 대한 적용 세율을 달리 정하고 있다. 따라서 '소득세법'은 조합입주권 외의 부동산을 취득할 수 있는 권리는 모두 분양권으로 분류하는 것이 타당하다(유권해석 확인 요망).

15) 매매계약은 분양권과 입주권의 전매를 말하는 것으로 보인다.

즉 '지방세법'은 앞의 '부동산 거래신고법' 제3조 제1항 제2호에서 열거된 8가지 법률('주택법' 등)에 따른 "부동산에 대한 공급계약"을 통해 주택을 공급받는 자로 선정된 지위를 취득한 것을 "주택분양권"으로 정의하고 있다. 이에 행정안전부는 "주택분양권"을 '주택이 존재하기 전의 공급계약이 체결된 경우로서 해당 주택에 대한 잔금지급이 완료되기 전'까지의 권리로 보아 사업 전에 주택 등을 보유한 지역주택조합원 등이 취득한 입주권은 '"주택분양권"이 아니다'라는 식으로 해석을 하고 있는 것으로 보인다(부동산세제과-564호. 2021.2.23. 등 참조). 그 결과 주택조합원이 보유한 권리가 '지방세법'상 조합원입주권도 주택분양권도 아닌 것으로 되어버린 것으로 보인다.

※ 저자 주

'주택법'에 따라 설립된 지역주택조합의 경우 조합에 금전 대신 토지나 주택 등을 현물로 출자하는 것은 출자자의 관점에서는 "양도"에 해당한다. 이에 따라 출자자는 출자의 대가로 금전이나 주택을 취득할 수 있는 권리를 취득하게 된다. 현행 '소득세법'은 이 같은 관점에서 이때 조합원이 취득한 권리를 "주택분양권"으로 본다. 그렇다면 '지방세법'은 이에 대해 어떤 태도를 보이고 있을까?

앞에서 누차 지적했듯이 '지방세법'에서는 지역주택조합원이 보유한 권리는 주택 수에 포함하지 않고 있다. 조합원입주권으로 열거되지 않았고, 또 주택분양권에 대한 해석을 협소하게 하고 있기 때문이다. 하지만 저자의 입장에서는 이러한 식의 해석은 문제가 있다고 판단한다.

우선 '지방세법' 제6조 제1호 "취득"에 대한 정의부터 보자.

1. "취득"이란 매매, 교환, 상속, 증여, 기부, 법인에 대한 현물출자, 건축, 개수(개수), 공유수면의 매립, 간척에 의한 토지의 조성 등과 그 밖에 이와 유사한 취득으로서 원시취득(수용재결로 취득한 경우 등 과세 대상이 이미 존재하는 상태에서 취득하는 경우는 제외한다), 승계취득 또는 유상·무상의 모든 취득을 말한다.

이 내용을 보면 '지방세법'은 "현물출자"를 "취득"의 한 유형으로 보고 취득세를 부과하고 있음을 알 수 있다. 따라서 지역주택조합에 주택이나 토지 등을 현물출자하면 출자자는 양도에 해당하고, 출자를 받은 조합은 현물을 취득하게 된다. 이 과정에서 지역주택조합원은 현물출자의 대가로 현금을 받거나 권리를 취득하게 된다. 물론 이때 취득한 권리는 조합원입주권이든, 주택분양권이든 둘 중 하나가 되어야 한다. 이에 '소득세법'은 주택분양권으로 분류하고 있으나 '지방세법'은 이러한 법리를 외면한 채 해석을 통해 아예 모든 권리에서 제외하고 있다. 이처럼 동일한 내용을 가지고 국세와 지방세의 해석이 달라지면 국민의 생활을 불편하게 한다. 따라서 하루빨리 이에 대한 해석 등이 통일이 되어야 할 것으로 보인다(행정안전부의 유권해석 등이 어떤 식으로 바뀌게 될지 주목해보자).

🔄 '소규모주택법'상의 소규모재개발, 가로·자율주택정비 사업에서 조합원이 보유한 권리도 환지 방식에 따른 것이므로 '지방세법'도 조합원입주권으로 분류하는 것이 타당하다. 하지만 2023년 9월 현재, 이들의 사업에서 보유한 조합원의 권리는 '지방세법'상 조합원입주권도 아니고, 주택분양권도 아닌 것으로 하고 있다.

　재건축과 관련된 세무상 쟁점들은 주로 취득세와 양도세, 그중 양도세 분야에서 많이 발생하고 있다. 특히 양도세 비과세, 장특공제, 그리고 세율을 적용할 때 원조합원과 승계조합원 간의 세제상 차이가 크다. 이하에서는 재건축 사업과 관련된 세무상 쟁점들을 수분양자를 포함해서 대략 살펴보고, 제2장부터 이에 대해 자세히 살펴보자.

1. 조합원

　'도정법' 등의 조합원은 크게 원조합원과 승계조합원으로 구분되는데, 이 중 원조합원을 중심으로 관련 세제를 살펴보자.

1) 취득세

　원조합원의 조합원입주권에 의해 완공된 주택은 원시취득으로 건축원가의 2.8%의 세율로 취득세를 부담하면 그뿐이다. 그런데 다른 주택을 취득할 때에는 주의해야 한다. 2020년 8월 12일 이후부터 조합원입주권도 '지방세법'상 주택 수에 포함되어 다른 주택의 취득세율 결정에 관여하기 때문이다. 예를 들어, 조합원입주권 보유 상태에서 조정지역 내에서의 다른 주택을 취득하면 2주택이 되어 중과 취득세인 8%가 적용될 수 있다(단, 일시적 2주택에 해당하면 1~3%가 적용됨. 만일 다른 주택이 비조정지역에 있으면 취득세에서는 일시적 2주택에 해당하지 않으므로 처분할 이유가 없음).

2) 보유세

보유세는 특별한 이슈가 없다. 여기서 보유세는 재산세와 종부세를 말하는데, 주택이 멸실된 상태에서는 토지에 대한 재산세가 저렴하게 나오고 종부세는 과세되지 않기 때문이다. 물론 향후 조합원입주권이 주택으로 완공되면 이때는 일반주택처럼 보유세를 처리하면 된다.

3) 양도세

조합원과 관련된 양도세에서는 일일이 열거할 수 없을 정도로 다양한 형태의 세무상 이슈가 발생한다. 대략 다음과 같은 것들이 이에 해당한다.

- 조합원입주권을 양도하면 비과세가 가능할까?
- 조합원입주권 보유 상태에서 주택을 취득하면 어떤 식으로 비과세가 적용될까?
- 조합원입주권 양도세 과세 시 장특공제는 어떻게 적용할까?
- 2개의 조합원입주권에 의해 완공된 주택도 비과세가 가능할까?
- 청산금을 납부한 경우 장특공제는 어떻게 적용할까?

2. 수분양자

수분양자들이 보유한 주택분양권도 조합원입주권과 유사한 형태로 세제가 적용되나 일부에서 차이가 있다.

1) 취득세

주택분양권에 의해 완공된 주택은 유상취득으로 조합원과는 달리 1~12%까지의 취득세를 부담해야 한다. 한편 2020년 8월 12일 이후부터 주택분양권도 '지방세법'상 주택 수에 포함되어 다른 주택의 취득세율 결정에 관여하게 된다.

2) 보유세

주택분양권 보유 중에는 보유세 이슈는 없다. 이는 조합원입주권과 같다.

3) 양도세

주택분양권 관련 양도세는 이를 주택 수에 포함해 다른 주택의 비과세나 과세 방식에 영향을 준다는 점에서는 조합원입주권과 같다. 또한, 주택 보유 중에 주택분양권을 취득하면 조합원입주권처럼 주택에 대한 비과세제도를 운영하고 있다. 하지만 이 외의 제도에서는 주택분양권에 대한 독자적인 과세의 틀을 유지하고 있다.

구분		조합원		수분양자
		원조합원	승계조합원	
취득세	세율	• 종전주택 : 1~12% • 완공주택 : 2.8%	• 대지 : 4% • 완공주택 : 2.8%	• 완공주택 : 1~12%
	주택 수 포함	포함(2020.8.12.)	좌동	좌동
	일시적 2주택 취득세 일반 세율 적용 특례	• 1조합원입주권 보유 중 1주택 취득 시 : 준공일부터 3년(2023.1.12.) 이내에 완공주택 또는 1주택 양도(지령 28조5②) ☞ 1주택 보유자가 사업시행 중 대체주택 취득 시 : 대체주택으로 이주한 날에 양도한 것으로 간주함(지령 28조5③).	해당사항 없음.	• 1주택분양권 보유 중 1주택 취득 시 : 준공일부터 3년 이내에 완공주택 또는 1주택 양도(지령 28조5②)
보유세	재산세	사업 중 : 시행사(조합) 분리과세	좌동	–
	종부세	비과세	비과세	–
양도세 비과세	조합원입주권 비과세 가능 여부	가능 (관리처분인가일[16] 현재 2년 보유 등)	불가능	–
	완공주택 1세대 1주택 비과세 2년 보유(거주)	기존건물 취득일~ 양도일 기준	준공일~양도일 기준	잔금청산일~ 양도일 기준
	조합원입주권 보유 시의 일시적 2주택 비과세	1(원)조합원입주권+1주택 : 3년 이내에 1조합원입주권 양도 시 비과세(소법 89④) ☞ 이 외의 형태는 일시적 2주택 비과세불가원칙(예 : 2주택 보유 중 멸실된 경우, 조합원입주권이 2개 이상인 경우)	• 1주택+1(승계)조합원입주권 : 3년 이내에 1주택 양도 시 비과세(소령 156조2③) • 위+3년 후에 1주택 양도 시에는 완공 후 3년 이내 양도하면 비과세(추가 요건 있음. 소령 156조2④) ☞ 이 외의 형태는 일시적 2주택 비과세불가원칙	• 1주택+1주택분양권 : 3년 이내에 1주택 양도 시 비과세(소령 156조3②) • 위+3년 후에 1주택 양도 시에는 완공 후 3년 이내 양도하면 비과세(추가 요건 있음. 소령 156조3③) ☞ 이 외의 형태는 일시적 2주택 비과세 불가원칙

구분		조합원		수분양자
		원조합원	승계조합원	
양도세 비과세	사업시행 중 대체주택 비과세	1주택 보유자가 사업시행 중 취득한 대체주택에 대해 비과세 가능(요건 있음. 소령 156조2⑤)	불가능	-
양도세 과세	장특공제 보유(거주) 기간	• 조합원입주권 : 기존건물 취득일~관리처분인가일 기준 • 완공주택 　- 기존건물 : 기존건물 취득일~양도일 기준 　- 청산금납부분 : 준공일~양도일 기준	• 조합원입주권 : 해당 사항 없음. • 완공주택 : 준공일~양도일 기준	• 완공주택 : 잔금청산일~양도일 기준
	세율	• 조합원입주권 : 일반세율 (70%, 60%, 6~45%) • 완공주택 　- 일반과세 : 위 일반세율 　- 중과세 : 중과세율[17]	좌동	• 주택분양권 : 일반세율(70%, 60%) • 완공주택 　- 일반과세 : 70%, 60%, 6~45% 　- 중과세 : 중과세율
		보유기간 : • 조합원입주권 : 기존건물 취득일~양도일 • 완공주택 : 기존건물 취득일~양도일	• 조합원입주권 : 조합원입주권 취득일~양도일 • 완공주택 : 준공일~양도일	• 주택분양권 : 취득일~양도일 • 완공주택 : 잔금청산일~양도일
양도세 공통	주택 수 포함	포함	좌동	2021.1.1. 이후 포함
	청산금 세무처리	발생	무관	-
	1+1 재건축 발생 여부	발생	무관	-

🖐 이 외 임대주택의 멸실, 지역조합주택, 주택리모델링 등에 대해서도 다양한 쟁점들이 발생한다.

---

16) 관리처분인가일과 철거일 중 빠른 날을 기준으로 판단한다.

17) 2021년 6월 1일부터 6~45%+20~30%p를 말하며, 2년 이상 보유한 주택에 한해 2022년 5월 10일부터 2년간 한시적으로 중과세가 적용되지 않고 있다.

새 정부의 세제정책

2022년 5월 10일 등장한 새 정부에서는 다음과 같은 세제정책을 펼치고 있다. 자세한 것은 저자의 카페 등에서 참조하기 바란다.

구분	종전	현행
1. 취득세	• 일반 : 1~3% • 중과 : 8~12%	• 일반 : 좌동 • 규제지역 내 일시적 2주택[18] : 2년→ 3년으로 연장(2023.1.12. 이후) • 중과 : 좌동(향후 완화 예상)
2. 종부세	• 공정시장비율 : 95% • 일반 : 0.6~3.0% • 중과 : 1.2~6.0% • 세 부담상한률 : 일반 150%, 중과 300% • 1주택 장기보유자 납부 : 6개 월 연장	• 공정시장비율 : 60% • 일반 : 인하(0.5~2.7%) • 중과 : 인하(2.0~5.0%) • 상한률 : 150%로 단일화 • 1주택자 : 매각/상속 납부 이연 ☞ 재산세와 종부세 통합은 장기적 과제
3. 양도세 비과세	• 1세대 1주택 : 2년 및 2년 거주 • 일시적 2주택 : 위+1년 이내 처분 등	• 좌동+보유기간 리셋제도 폐지 • 좌동+조정지역 3년 이내 처분 (2023.1.12. 이후 양도분)
4. 양도세 중과세	• 주택 : +20~30%p • 토지 : +10%p	• 주택 : 2년 이상 보유한 주택에 한해 중과세 한시적 폐지(2022.5.10.~ 2024.5.9.) • 토지 : 좌동
5. 주택임대 등록제도	• 아파트 등록 불허	• 좌동
6. 1인 부동산 법인	• 취득세 : 12% • 종부세 : 3~6% • 추가법인세 20%	• 취득세 : 좌동 • 종부세 : 2.7~5.0% • 추가법인세 : 좌동

18) 2023년 1월 12일부터 일시적 2주택 처분기한이 모든 세목에 걸쳐 3년으로 통일되었다. 이와
함께 조합원입주권과 분양권이 있는 경우의 일시적 2주택(특례 포함) 처분기한도 3년으로 통일
되었다. 자세한 것은 116페이지와 본문 등을 통해 확인하기 바란다.

제**2**장

재건축 취득세·보유세

재건축 취득세
과세체계

　재건축과 관련된 취득세에서는 2020년 8월 12일 전만 해도 그렇게 큰 이슈는 없었다. 완공 전에 조합원 지위를 취득하면 토지에 대한 취득세를 부담하면 족했고, 완공 시에는 원시취득한 건물분에 대해서만 저렴한 취득세(2.8%)를 부담하면 되었기 때문이다. 하지만 2020년 8월 12일부터 중과 취득세 규정이 들어오면서 취득세 관련 내용이 상당히 복잡하게 변했다. 이 장에서는 최근 개정된 내용을 바탕으로 주택(조합원입주권) 관련 취득세를 정리해보기로 한다.

❶ 주택 취득세 일반규정

1) 유상취득

　주택에 대한 유상취득세율을 요약하면 다음과 같다. 이 같은 세율체계는 2020년 8월 12일 이후부터 적용되고 있다.

구분	1주택	2주택	3주택	법인·4주택~
조정지역	1~3%	8%(일시적 2주택은 1~3%)[19]	12%	12%
비조정지역	1~3%	1~3%	8%	12%

※ (적용례) ① 1주택 소유자가 비조정지역 주택 취득 시 세율 : 1~3%
         ② 1주택 소유자가 조정지역 주택 취득 시 세율 : 8%
         ③ 2주택 소유자가 비조정지역 주택 취득 시 세율 : 8%

위의 내용을 보면 취득세율이 최고 12%에 이르고 있다. 이는 다주택자나 법인이 주택을 투자 목적으로 취득하면 중과세를 적용하겠다는 취지가 있다. 참고로 다음과 경우에는 중과 취득세를 적용하지 않는다.

• 자가취득(원시취득, 예 : 재건축 등으로 완공된 주택)
• 시가표준액 1억 원 이하의 주택(단, 정비구역 내의 주택은 제외)[20]
• 농어촌주택 등

---

19) 일시적 2주택에 대해 3년 이내에 종전주택을 처분하면 일반세율인 1~3%를 적용한다. 조정지역 내의 주택을 보유 중에 이 지역 내의 주택을 취득하면 2년(2023.1.12. 이후 양도분은 3년), 비조정지역 내의 주택을 보유 중에 조정지역 내의 주택을 취득하면 3년 이내에 종전주택을 처분해야 한다. 만일 이 기한을 어긴 경우에는 8%의 세율이 적용된다. 참고로 2023년 9월 현재 조정지역은 서울 강남·서초·송파·용산구 등 4곳만 지정되어 있다.

20) 지령 제28조의2 제1호
법 제4주에 따른 시가표준액(지분이나 부속토지만을 취득한 경우에는 전체 주택의 시가표준액을 말한다)이 1억 원 이하인 주택. 다만, '도정법' 제2조 제1호에 따른 정비구역(종전의 '주택건설촉진법'에 따라 설립인가를 받은 재건축조합의 사업부지를 포함한다)으로 지정·고시된 지역 또는 '소규모주택법' 제2조 제1항 제4호에 따른 사업시행구역에 소재하는 주택은 제외한다.

🖐 앞에서 시가표준액이 1억 원 이하가 되더라도 해당 주택이 정비구역 등 내에 소재하면 취득세 중과세율이 적용됨에 유의해야 한다.[21]

2) 원시취득

건축물을 자가신축(원시취득)한 경우 취득세율은 유상취득과는 달리 2.8%가 부과된다(원시취득에 대해서는 중과세를 적용하지 않는다). 그런데 이때 정비구역 지정 전에 재개발 사업의 조합원으로서 $85m^2$ 이하의 주택을 원시취득한 경우에는 50~75% 상당의 세액을 감면한다.

❷ 재건축 관련 취득세율

재건축과 관련한 취득세율은 취득시점에 따라 세율이 달라진다.

1) 주택건물 등이 멸실되기 전에 취득한 경우(유상취득)

• 주택 : 앞에서 본 1~12%의 세율이 적용된다.
• 주택 외의 부동산 : 상가나 토지의 경우 4%의 세율이 적용된다.

2) 주택 등이 멸실된 상태에서 취득한 경우(유상취득)

이 경우 건물에 대한 취득세는 부과받지 않는 대신 토지에 대한 취득세를 부담해야 한다. 세율은 4%가 적용된다. 그런데 재개발 등으로 해당 주택이 멸실될 예정이라도 취득 당시에 주택이 있는 경우에는 주택

---

21) '도정법' 제2조 제1호에 따른 정비구역으로 지정·고시된 지역 또는 '소규모주택법' 제2조 제1항 제4호에 따른 사업시행구역에 소재하는 주택은 제외한다. 이때 '소규모주택법'에 따른 사업시행구역으로 최초 확인 가능한 시점은 첫 인가단계인 조합설립인가일로 봐야 한다(국토교통부 주거재생과-2745 참조).

에 대한 세율(1~12%)이 적용될 수 있음에 유의해야 한다.

3) 완공 후(원시취득)

재건축으로 인해 주택이 완공된 경우에는 '지방세법'상 유상취득이 아닌 원시취득에 해당되므로 2.8%의 세율이 적용된다.[22] 농어촌특별세 등을 포함해 좀 더 세부적으로 정리하면 다음과 같다.

구분	재개발	재건축
85㎡ 이하	과세 (2.96%, 단, 감면 가능. 지특법 제74조 제5항)*	과세(2.96%)
85㎡ 초과	과세(3.16%)	과세(3.16%)

* 정비구역 지정 전의 재개발주택조합원에 한한다.

※ 지방세특례제한법 제74조 제5항 제3호

> 3. '도정법'에 따른 재개발 사업의 정비구역지정 고시일 현재 부동산의 소유자가 재개발 사업의 시행으로 주택(같은 법에 따라 청산금을 부담하는 경우에는 그 청산금에 상당하는 부동산을 포함한다)을 취득함으로써 대통령령으로 정하는 1가구 1주택이 되는 경우(취득 당시 대통령령으로 정하는 일시적으로 2주택이 되는 경우를 포함한다)에는 다음 각 목에서 정하는 바에 따라 취득세를 경감한다(2020.1.15. 신설).
> 가. 전용면적 60㎡ 이하의 주택을 취득하는 경우에는 취득세의 100분의 75를 경감한다(2020.1.15. 신설).
> 나. 전용면적 60㎡ 초과 85㎡ 이하의 주택을 취득하는 경우에는 취득세의 100분의 50을 경감한다(2020.1.15. 신설).

---

22) 단, 재개발·재건축 주택의 준공 이후 소유권 이전고시 사이에 소유권이 이전되는 경우 해당 승계조합원에 대해 주택유상거래 취득세율을 적용한다(지방세운영과-1569, 2019.5.30).

❸ 적용 사례

K씨는 다음과 같은 투자를 생각하고 있다. 물음에 답하면?

- 취득 대상 : 주택
- 매수예상가액 : 5억 원
- 재건축과정 중 관리처분인가 고시 전의 상태임.

Q1 이 주택에 대한 취득세는 얼마인가?

K씨는 주택을 취득하는 것인 만큼 주택가격의 1% 정도의 취득세를 부담하게 된다. 따라서 취득세는 대략 500만 원 정도가 된다. 하지만 K씨의 주택 수가 많으면 취득세율이 올라간다. 2020년 8월 12일부터 주택 수에 따라 중과 취득세가 적용되고 있기 때문이다.

- 1주택자가 추가 취득 시 : 8%(단, 일시적 2주택자는 1~3%) → 4,000만 원
- 2주택자가 추가 취득 시 : 12%(단, 비조정지역의 주택은 8%) → 6,000만 원

Q2 만일 관리처분인가 후에 위 주택을 취득하면 취득세는 얼마인가?

관리처분인가 후에는 다음과 같이 취득세가 부과된다.

- 주택이 존재하는 경우 → 주택에 대한 취득세(1~12%)가 부과된다.
- 주택이 멸실된 경우 → 대지에 대한 취득세가 부과된다. 대지에 대한 취득세율은 4%이므로 2,000만 원의 취득세를 내야 한다(승계입주권 취득세 과세표준은 실제 취득가액이 된다. 이하 동일).

Q3 이 주택이 멸실된 후 완공되었다고 하자. 이 경우 취득세는 얼마인가? 해당 조합원의 건물취득가액은 2억 원이다.

건물은 자가신축의 개념이므로 취득가액의 2.8%가 취득세가 된다. 따라서 취득세는 560만 원이 나올 것으로 보인다.

Q4 주택 수가 많은 상태에서도 완공된 주택에 대해 취득세가 2.8%로 부과되는 이유는?

자가신축은 원시취득에 해당하므로 중과 취득세를 적용하지 않기 때문이다. 주택을 시장에서 돈을 주고 사는 경우에만 중과세를 적용하고 있다.

Tip 조합에 신탁·출자 시 취득세 부과 여부 »

재건축조합 등에 조합원이 출자한 토지 등은 신탁에 해당해 조합에게 취득세가 부과되지 않는다('지방세법' 제7조, 제9조 등 참조). 다음은 '지방세법' 제7조의 취득세 납세의무자에 관한 것이다.

> ⑧ '주택법' 제11조에 따른 주택조합과 '도정법' 제35조 제3항 및 '소규모주택법' 제23조에 따른 재건축조합 및 소규모재건축조합(이하 이 장에서 "주택조합 등"이라 한다)이 해당 조합원용으로 취득하는 조합주택용 부동산(공동주택과 부대시설·복리시설 및 그 부속토지를 말한다)은 그 조합원이 취득한 것으로 본다. 다만, 조합원에게 귀속되지 아니하는 부동산(이하 이 장에서 "비조합원용 부동산"이라 한다)은 제외한다.(2017.2.8. 개정)

2

조합원입주권 외
주택에 대한
취득세율 적용법

조합원입주권을 취득하거나 이후 주택이 완공되는 경우의 취득세 관련 쟁점은 그리 많지 않다. 조합원입주권을 나대지 상태에서 취득하면 4%의 세율이 적용되고, 완공되면 주택건물에 대해 원시취득세율 2.8%의 세율이 적용되기 때문이다. 그런데 2020년 8월 12일 이후부터 중과 취득세가 도입됨에 따라 조합원입주권도 이에 상당한 영향을 미치고 있다. 조합원입주권(주택분양권)도 다른 주택의 중과 취득세율을 결정할 때에 주택 수에 포함되고 있기 때문이다. 이하에서 조합원입주권 외 주택에 대한 취득세율 적용법에 대해 알아보자.

① 주택 수 포함 여부

1세대[23]의 주택 수는 주택 취득일 현재 취득하는 주택을 포함해서 1세대가 국내에 소유하는 주택, 조합원입주권, 주택분양권, 주거용 오피스텔의 수를 말한다. 이때, 조합원입주권 또는 주택분양권에 의해서 취득하는 주택의 경우에는 조합원입주권 또는 주택분양권의 취득일(분

---

23) 취득세 중과세를 적용할 때 주택 수가 중요하다. 그런데 이때 주택 수는 "1세대"의 것을 합산해야 함에 유의해야 한다. 1세대의 범위에 대해서는 지령 제28조의3을 참조하기 바란다.

① 법 제13조의2 제1항부터 제4항까지의 규정을 적용할 때 1세대란 주택을 취득하는 사람과 '주민등록법' 제7조에 따른 세대별 주민등록표 또는 '출입국관리법' 제34조 제1항에 따른 등록외국인기록표 및 외국인등록표에 함께 기재되어 있는 가족(동거인은 제외한다)으로 구성된 세대를 말하며, 주택을 취득하는 사람의 배우자(사실혼은 제외하며, 법률상 이혼을 했으나 생계를 같이 하는 등 사실상 이혼한 것으로 보기 어려운 관계에 있는 사람을 포함한다), 취득일 현재 미혼인 30세 미만의 자녀 또는 부모(주택을 취득하는 사람이 미혼이고 30세 미만인 경우로 한정한다)는 주택을 취득하는 사람과 같은 세대별 주민등록표 또는 등록외국인기록표 등에 기재되어 있지 않더라도 1세대에 속한 것으로 본다.

② 제1항에도 불구하고 다음 각 호의 어느 하나에 해당하는 경우에는 각각 별도의 세대로 본다 (2020.08.12. 신설).

1. 부모와 같은 세대별 주민등록표에 기재되어 있지 않은 30세 미만의 자녀로서 주택 취득일이 속하는 달의 직전 12개월 동안 발생한 소득으로서 행정안전부장관이 정하는 소득이 '국민기초생활 보장법'에 따른 기준 중위소득을 12개월로 환산한 금액의 100분의 40 이상이고, 소유하고 있는 주택을 관리·유지하면서 독립된 생계를 유지할 수 있는 경우. 다만, 미성년자인 경우는 제외한다(2021.12.31. 개정).

2. 취득일 현재 65세 이상의 직계존속(직계존속의 배우자를 포함하며, 직계존속 중 어느 한 사람이 65세 미만인 경우를 포함한다)를 동거봉양(同居奉養)하기 위하여 30세 이상의 자녀, 혼인한 자녀 또는 제1호에 따른 소득요건을 충족하는 성년인 자녀가 합가(合家)한 경우 (2023.03.14.개정)

3. 취학 또는 근무상의 형편 등으로 세대 전원이 90일 이상 출국하는 경우로서 '주민등록법' 제10조의3 제1항 부문에 따라 해당 세대가 출국 후에 속할 거주지를 다른 가족의 주소로 신고한 경우(2023.03.14. 개정)

4. 별도의 세대를 구성할 수 있는 사람이 주택을 취득한 날부터 60일 이내에 세대를 분리하기 위하여 그 취득한 주택으로 주소지를 이전하는 경우(2021.12.31. 신설)

양사업자로부터 주택분양권을 취득하는 경우에는 분양계약일)을 기준으로 해당 주택 취득 시의 세대별 주택 수를 산정한다.

구분	주택 수 포함시기	시행일
조합원입주권	취득일	2020.8.12. 이후 취득분부터 적용
주택분양권[24]	취득일 (단, 당첨 시는 분양계약일*)	

* 분양에 당첨받아 주택이 완공된 경우 취득세율은 분양계약일 당시의 주택 수에 따라 취득세율이 결정된다. 예를 들어 3주택 상태에서 분양에 당첨된 후 주택완공으로 취득세를 낼 때 12%의 세율이 적용될 수 있다는 것이다.

❷ 다른 주택의 취득세율

다른 주택을 유상취득한 경우에는 다음과 같은 세율이 적용된다.

구 분	1주택	2주택	3주택	법인·4주택~
조정지역	1~3%	8%*	12%	12%
비조정지역	1~3%	1~3%	8%	12%

* 일시적 2주택은 1~3%가 적용됨.

이 표에서 주택 수에는 조합원입주권(주택분양권)도 포함되므로 이로 인해 주택 수가 증가하면, 다른 주택의 취득세율이 증가하게 된다. 참고로 표에서 2주택자의 경우 신규주택이 조정지역 내에 소재하면 8%가 적용되지만, 일시적 2주택자는 1주택자에 준해 1~3%의 세율이 적용된다. 다만, 이 세율을 적용받기 위해서는 다음의 요건을 충족해야

24) '지방세법'상 조합원입주권과 주택분양권의 범위는 제1장을 참조하기 바란다. 참고로 주택분양권에서는 오피스텔 주택분양권을 제외한다.

한다.

- 종전주택과 신규주택이 모두 조정지역에 소재한 경우 : 신규주택 취득일로부터 3년(2022.5.10.~2023.1.12.은 2년) 내에 종전주택을 처분할 것

- 종전주택은 비조정지역, 신규주택은 조정지역에 소재한 경우 : 신규주택 취득일로부터 3년 이내에 종전주택을 처분할 것

이 외에 신규주택이 비조정지역 내에 소재한 경우에는 규제를 적용하지 않으므로 취득세 일반과세를 위해 3년 이내에 종전주택을 처분할 필요가 없다. 그런데 조합원입주권이나 주택분양권에 포함된 경우 일시적 2주택에 대한 취득세율 적용법이 약간 까다롭다. 아래에서는 대략적으로 살펴보고 자세한 내용은 79페이지 등을 참조하자.

※ 일시적 2주택 취득세율 적용 요약(지령 제28조의 5)

1. 종전주택과 신규주택이 모두 주택인 경우
   신규주택 취득일(잔금일)로부터 3년(2023.1.12.) 내에 종전주택을 양도

2. 입주권·분양권에 의해 주택을 취득(완공일, 잔금일)한 경우
   입주권·분양권에 의해 주택을 취득한 날(완공일, 잔금일)로부터 3년(2023.1.12.) 내에 종전주택이나 신규주택 중 1채를 양도(둘 중 한 채만 양도하면 완공주택에 대해서는 일반세율 적용)

3. 관리처분인가일 이후 대체주택을 취득한 경우
   관리처분인가일 이후 대체주택을 취득해 그곳으로 이주한 날에 종전주택을 처분한 것으로 간주(따라서 이 경우에는 둘 중 한 채를 외부에 처분하지 않아도 됨)

제13조의2를 적용할 때 다음 각 호의 어느 하나에 해당하는 경우에는 다음 각 호에서 정하는 바에 따라 세대별 소유 주택 수에 가산한다(2020.8.12. 신설).

1. '신탁법'에 따라 신탁된 주택은 위탁자의 주택 수에 가산한다.

2. '도정법' 제74조에 따른 관리처분계획의 인가 및 '소규모주택법' 제29조에 따른 사업시행인가로 인하여 취득한 입주자로 선정된 지위['도정법' 에 따른 재건축 사업 또는 재개발 사업, '소규모주택법'에 따른 소규모재건축 사업을 시행하는 정비 사업조합의 조합원으로서 취득한 것(그 조합원으로부터 취득한 것을 포함한다)으로 한정하며, 이에 딸린 토지를 포함한다. 이하 이 조에서 "조합원입주권"이라 한다]는 해당 주거용 건축물이 멸실된 경우라도 해당 조합원입주권 소유자의 주택 수에 가산한다.

3. '부동산 거래신고 등에 관한 법률' 제3조 제1항 제2호에 따른 "부동산에 대한 공급계약"을 통하여 주택을 공급받는 자로 선정된 지위(해당 지위를 매매 또는 증여 등의 방법으로 취득한 것을 포함한다. 이하 "주택분양권"이라 한다)는 해당 주택분양권을 소유한 자의 주택 수에 가산한다.[25]

4. 제105조에 따라 주택으로 과세하는 오피스텔은 해당 오피스텔을 소유한 자의 주택 수에 가산한다.[26]

(저자 주)

---

25) '도정법'상 주거환경개선 사업, '소규모주택법'상 소규모재개발, 가로주택, 자율주택정비 사업, 그리고 '주택법' 등에 따른 조합원이 보유하고 있는 입주권은 '지방세법'상 조합원입주권 및 분양권에 해당하지 않는다. 따라서 이러한 입주권은 주택 수에 포함되지 않는다(행정안전부의 입장임).

26) 현 소유자에게 재산세가 주택으로 과세되지 않으면 주택 수에 포함되지 않는다(양도세는 실질과세 원칙에 따라 과세되는 것과 차이가 있다).

2020년 8월 12일 이후 2주택자에 대한 취득세율 적용법

주택을 보유 중에 조합원입주권(또는 주택분양권)을 취득하거나 조합원입주권(또는 주택분양권)을 보유 중에 주택을 취득할 수 있다. 이렇게 되면 '지방세법'상 2주택자가 될 수 있다. 이 경우, 취득세율은 어떤 식으로 적용하는지 알아보자.

❶ 주택 보유 중에 조합원입주권을 취득한 경우

주택 보유 중에 조합원입주권을 취득하면 주택이 아닌 대지를 취득한 것이므로 세율 결정에는 큰 이슈가 없다. 대지, 즉 토지에 대한 취득세율 4%를 적용하면 그뿐이기 때문이다. 또한, 완공 시에는 건물분에 한해 2.8%의 취득세를 내면 그만이다(원시취득). 따라서 이러한 상황에서는 중과 취득세와 관련된 쟁점이 발생하지 않는다.

❷ 조합원입주권 보유 중에 주택을 취득한 경우

조합원입주권(또는 주택분양권)을 보유한 상태에서 신규주택을 취득하면 2주택이 된다. 따라서 이 신규주택은 2주택자에 대한 세율이 적용되는 것이 원칙이다.

1) 중과세율이 적용되는 경우

신규주택이 조정지역에 소재한 경우 신규주택에 대해서는 원칙적으로 8%의 세율이 적용된다. 만약 신규주택이 비조정지역에 소재한 경우에는 1~3%의 세율이 적용된다.

2) 일반세율이 적용되는 경우

위와 같이 신규주택이 조정지역 내에 소재하면 2주택 중과세율이 적용될 수 있다. 다만, 요건을 갖춘 일시적 2주택에 대해서는 일반세율을 적용한다. 이사 등에 의해 일시적 2주택이 된 상황을 감안한 세법의 배려에 해당한다. 여기서 요건은 일시적 2주택 기간(3년)[27] 내에 종전주택을 처분해야 함을 의미한다. 그런데 재건축 조합원입주권이나 주택분양권을 보유한 상태에서 완공이 되면 어떤 주택이 종전주택이고 신규주택이 되는지, 그리고 어느 날을 기준으로 종전주택을 양도해야 하는지가 핵심 이슈가 된다. 이에 대해 검토해보자.

---

27) 신규주택이 조정대상지역 내에 소재하면 신규주택에 대한 일시적 2주택 기간은 3년을 적용한다 (2023년 1월 12일 이후 양도분). 한편 신규주택이 비조정지역 내에 속하면 종전주택을 처분할 필요가 없다. 처분과 관계없이 무조건 1~3%를 적용하기 때문이다. 따라서 일시적 2주택 중과 취득세율은 주로 신규주택이 조정지역(서울 강남구, 서초구, 송파구, 용산구 등 4곳) 내에 소재한 경우에 발생한다고 할 수 있다.

조합원입주권 보유 중 신규주택을 취득한 경우의 일시적 2주택 취득세율 적용법

조합원입주권(또는 주택분양권)을 보유한 상태에서 조정지역 내의 신규주택을 취득하거나 그 반대로 취득한 경우, 신규주택에 대한 중과 취득세를 피하기 위해서는 다음의 2가지를 해결할 수 있어야 한다.

> - 어떤 주택을 먼저 처분해야 하는가?
> - 어느 날을 기준으로 처분해야 하는가?

이하에서 이에 대해 알아보자.

① 어떤 주택을 먼저 처분해야 하는가?

조합원입주권(또는 주택분양권) 보유 중에 신규주택을 취득하면 2주택이 된다. 이 경우 주택에 대한 취득세를 일반과세로 적용받으려면 일시적 2주택 기간(3년) 내에 1주택을 양도해야 한다. 그런데 이 경우, 어떤 주택을 처분해야 할까?

이를 파악하기 위해서는 지령 제28조의5(일시적 2주택) 제1항을 살펴볼 필요가 있다.

① 법 제13조의2 제1항 제2호에 따른 "대통령령으로 정하는 일시적 2주택"이란 국내에 주택, 조합원입주권, 주택분양권 또는 오피스텔을 1개 소유한 1세대가 그 주택, 조합원입주권, 주택분양권 또는 오피스텔(이하 "종전주택 등"이라 한다)을 소유한 상태에서 이사·학업·취업·직장이전 및 이와 유사한 사유로 다른 1주택(이하 "신규주택"이라 한다)을 추가로 취득한 후 3년 이하 이 조에서 "일시적 2주택 기간"이라 한다) 이내에 종전주택 등(신규주택이 조합원입주권 또는 주택분양권에 의한 주택이거나 종전주택등이 조합원입주권 또는 주택분양권인 경우에는 신규주택을 포함한다)을 처분하는 경우 해당 신규주택을 말한다(2023.02.28. 개정).

이 내용을 요약하면 다음과 같다.

- 취득세 일반과세의 대상인 일시적 2주택은 종전주택 등을 처분한 경우 해당 신규주택을 말한다.
- 일시적 2주택 기간은 종전주택을 처분해야 하는 기간으로 2주택이 조정지역에 소재하면 2년(2023.1.12. 이후 양도분은 3년), 신규주택만 조정지역에 있으면 3년이 주어진다(신규주택이 비조정지역에 있으면 처분할 필요가 없다).
- 위의 처분기한 내에 처분해야 할 종전주택 등에는 신규주택이 조합원입주권 또는 주택분양권에 의한 주택이거나 종전주택 등이 조합원입주권 또는 주택분양권인 경우에는 신규주택을 포함한다. 따라

서 조합원입주권(주택분양권)에 의해 완공된 주택과 다른 주택이 있는 경우에는 둘 중 1채를 일시적 2주택 기간 내에 양도하면 일시적 2주택으로 보아 신규주택에 대한 취득세를 일반과세한다.

<사례>

Q1 신규주택을 취득하면 원칙적으로 취득세율은 몇 %인가?

현행 '지방세법'에 의하면 2020년 8월 12일 이후에 취득한 조합원입주권도 주택 수에 포함되므로 이 경우 취득세율은 8%가 적용된다.

Q2 만일 위의 신규주택이 일시적 2주택에 해당하면 취득세율은 몇 % 인가?

일시적 2주택은 실수요자의 개념이 강하므로 중과세를 적용하면 안 되므로 1~3%(사례는 3%)를 적용해야 한다.

Q3 사례에서 일시적 2주택으로 취득세를 부과받으려면 어떤 주택을 처분해야 하는가?

이 경우, 조합원입주권 등에 의해 완공된 주택이나 신규로 취득한 주택 중 1채를 처분기한 내에 양도해야 한다. 참고로 신규주택에 대한 계약 시는 비조정지역이었으나 잔금 시 조정지역으로 지정되는 경우에는 비조정지역에서 주택을 취득한 것으로 본다(지법 제13조의2 제4항).

❷ 어느 날을 기준으로 처분해야 하는가?

일시적 2주택을 적용할 때 신규주택의 취득시점을 기준으로 3년의 기간이 정해진다. 그렇다면 조합원입주권(주택분양권)을 보유한 상태에서 주택을 취득하면 어느 날을 기준으로 종전주택을 처분해야 할까? 이에 대해서는 지령 제28조의5(일시적 2주택) 제2항을 살펴볼 필요가 있다.

> ② 제1항을 적용할 때 조합원입주권 또는 주택분양권을 1개 소유한 1세대가 그 조합원입주권 또는 주택분양권을 소유한 상태에서 신규주택을 취득한 경우에는 해당 조합원입주권 또는 주택분양권에 의한 주택을 취득한 날부터 일시적 2주택 기간을 기산한다(2020.8.12. 신설).

이 조항을 보면 조합원입주권(주택분양권)을 소유한 상태에서 신규주택을 취득하면 해당 조합원입주권(주택분양권)에 의해 주택을 취득한 날(완공, 잔금)을 기산점으로 이 기간을 정한다.

<사례>

> **자료 >>**
> • 1조합원입주권 보유 중에 2023년 7월 주택을 취득하고자 함.
> • 이 조합원입주권은 2020.8.12. 이후에 취득한 것으로 2024년 5월 완공 예정임.
> • 조합원입주권과 주택은 모두 조정지역에 소재함.

Q1 위 사례에서 일시적 2주택 기간은 몇 년인가?

신규주택이 조정지역에 있으므로 3년(2023.1.12.)이 주어진다. 만일 주택이 비조정지역에 있으면 무조건 1~3%가 적용된다.

Q2 일시적 2주택 기간은 언제부터 기산(시작)하는가?

조합원입주권에 의해 주택이 완공되는 2024년 5월이다.

Q3 앞의 신규주택에 대한 취득세를 일반과세로 받기 위해서는 어떤 주택을 언제까지 양도해야 하는가?

이 경우, 조합원입주권에 의해 완성된 주택 또는 2023년 7월에 취득한 주택 중 1채를 2026년 5월 이내에 양도해야 한다.

Q4 왜 Q3과 같은 결과가 나오는가?

조합원입주권 또는 주택분양권에 의해 취득하는 주택으로 이사를 할 수도 있기 때문에 납세자에게 선택권을 주겠다는 취지가 있다.

Q5 위의 일시적 2주택(A, B) 상태에서 새로운 주택(C)을 취득해서 3주택을 보유하고 있다고 하자. 이 상태에서 A주택을 일시적 2주택 기간(3년) 내에 양도하면 B주택에 대해서는 취득세 일반세율이 적용되는가?

그렇다. 취득세는 "신규주택 취득 당시"를 기준으로 주택 수가 결정되기 때문이다. 즉 사례에서 B주택 취득 당시에는 A주택만 있었기 때문에 일시적 2주택 관계가 성립한다. 따라서 처분기한만 지키면 B주택에 대해서는 일반세율을 적용받을 수 있게 된다. 참고로 C주택의 취득세율은 3주택 취득세 중과세율이 적용된다.

🍀 양도세에서 일시적 2주택은 "양도일 현재"를 기준으로 하므로 위의 경우와 혼동하지 않기를 바란다.

일시적 2주택은 신규로 취득하는 주택에 대해 일반세율을 적용받기 위해 종전주택등을 처분하는 경우 해당 신규주택을 말한다(지방세법 시행령 제28조의5 제1항). 따라서 2주택 상태에서는 신규주택이 조정지역 내에 소재한 경우에 이러한 규정이 적용되며 비조정지역 내에 소재하면 이 규정이 적용되지 않는다. 이러한 점을 참고하여 아래 내용을 살펴보기 바란다.

Tip 일시적 2주택 취득세 적용 사례 »»		
선취득(A)	**후취득(B)**	**일반과세의 적용**
주택	주택	B주택 취득 후 3년 이내에 종전주택(A주택) 처분 (또는 멸실)
주택	조합원입주권	조합원입주권 완공주택은 중과세제도를 적용하지 않음(원시취득).
주택	주택분양권	분양주택 취득일로부터 3년 이내에 둘 중 하나의 주택을 처분(단, 사업시행 중 대체주택에 해당하면 그 주택으로 이주한 날을 처분한 것으로 봄. 85페이지 참조)
조합원입주권	주택	조합원입주권 완공주택 취득일로부터 3년 이내에 둘 중 하나의 주택을 처분
조합원입주권	조합원입주권	입주권은 중과세제도 적용하지 않음(원시취득).
조합원입주권	주택분양권	나중의 조합원입주권 완공주택 또는 분양주택 취득일로부터 3년 이내에 둘 중 하나 처분
주택분양권	주택	분양주택 취득일로부터 3년 이내에 둘 중 하나의 주택을 처분
주택분양권	조합원입주권	입주권은 중과세제도 적용하지 않음(원시취득).
주택분양권	주택분양권	나중의 분양주택 취득일로부터 3년 이내에 둘 중 하나 처분

사업시행 중
대체주택에 대한
일반취득세 적용법

1주택 보유자가 재건축 등에 따라 해당 주택이 멸실되면 당장 거주할 집이 마땅치가 않다. 그래서 어떤 이들은 이주비를 받아 전세로 들어가거나 임시로 거주할 주택을 마련하기도 한다. 이에 '소득세법'은 후자의 경우, 일정한 요건을 두어 양도세 비과세 혜택을 부여하고 있는데, '지방세법'도 이러한 취지를 살려 "대체주택"에 대한 취득세를 일반세율로 과세한다. 이하에서 이에 대해 간략하게 살펴보자.

❶ 대체주택에 대한 일시적 2주택 일반취득세율 적용

지령 제28조의5(일시적 2주택) 제3항에서는 다음과 같은 규정을 두고 있다.

③ 제1항을 적용할 때 종전주택 등이 '도정법' 제74조 제1항에 따른 관리처분계획의 인가 또는 '소규모주택법' 제29조 제1항에 따른 사업시행인가를 받은 주택인 경우로서 관리처분인가 또는 사업시행인가 당시 해당 사업구역에 거주하는 세대가 신규주택을 취득하여 그 신규주택으로 이주한 경우에는 그 이주한 날에 종전주택 등을 처분한 것으로 본다(2020.12.31 신설).

2022년 8월 12일 이후부터 조합원입주권도 주택 수에 포함되므로 이 상태에서 신규주택(대체주택)을 취득하면 "일시적 2주택"이 된다. 따라서 이 경우 조합원입주권에 의해 주택이 완공되면 3년 이내에 1채를 처분해야 신규주택에 대해 일반세율을 적용받을 수 있다.

하지만 사업시행 후 대체주택을 취득하고 그 주택으로 "이주"한 경우에는 "그 이주한 날"에 처분한 것으로 봐준다. 즉 이 규정은 1주택자가 사업시행 중에 거주를 위해 대체주택을 취득해 그 주택으로 이주한 경우에는 일시적 2주택 기산일을 "조합원입주권에 의해 완공된 날"이 아닌 "대체주택으로 이주한 날"로 본다. 따라서 이 경우, 완공된 날로부터 3년 이내에 주택을 처분하지 않아도 8%로 추징되지 않는다.

 이러한 규정의 적용 대상은 다음과 같다.
- '도정법'상 관리처분인가 당시 사업구역에 거주[28]하는 세대
- '소규모주택법'상 사업시행인가 당시 사업구역에 거주하는 세대

---

28) 관리처분인가 당시 사업구역 거주는 종전주택이 아닌 다른 주택에서 하더라도 이 규정을 적용받을 수 있다(부동산세제과-2193, 2021.8.13.).

② 적용 사례

사례를 통해 앞의 내용을 확인해보자.

Q1 대체주택에 대한 취득세율은 얼마인가?

두 주택 모두 조정지역에 소재하므로 원칙적으로 8%가 적용된다.

Q2 대체주택에 대한 취득세율을 1~3%로 받으려면 어떤 주택을 3년 이내에 처분해야 하는가?

사업시행인가를 받은 주택이 종전주택이므로 이를 먼저 처분해야 한다.

Q3 Q2와 같이 처분해야 한다면 재건축이 예정된 곳으로 이사를 갈 수 가 없다. 이 경우 특례는 없는가?

있다. 앞에서 본 지령 제28조의5 제3항이 이에 해당한다. 이는 앞과 같은 상황에서 둘 중 하나의 주택을 처분하지 않고 "대체주택으로 이 사를 간 날(사례의 경우 2023년 8월)"에 종전주택을 처분한 것으로 봐준다.

☞ 양도세에서는 대체주택에서 1년 이상 거주하고 완공주택으로 3년(2023.1.12.) 이내에 이사를 간 후 1년 이상 거주한 후 3년 이내 에 대체주택을 양도하면 비과세를 적봉애수고 있나. 이러한 부분 을 고려해 앞과 같은 특례를 마련한 것으로 보인다.

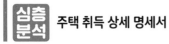 주택 취득 상세 명세서

　주택에 대한 취득세 신고 시에 다음과 같은 상세 명세서를 제출해야 한다. 작성 방법 등을 참고해보자.

■ 지방세법 시행규칙[별지 제3호서식 부표] (2020.08.18. 개정)　　　　　　　　　　　　(앞쪽)

주택 ([ ]무상 / [ ]유상거래) 취득 상세 명세서

① 주택 (증여자[ ] / 취득자[ ]) 세대 현황

① 취득자 구분		□ 개인		□ 법인 또는 단체		
② 세대 현황 ※ 무상취득은 증여자 기준으로, 유상거래는 취득자 기준으로 적습니다.	구 분	세대주와의 관계	성명	주민등록번호(외국인등록번호)		1세대 포함 여부
	세대주					□ 포함　□ 제외
	세대원					□ 포함　□ 제외
						□ 포함　□ 제외
						□ 포함　□ 제외

② 신규 취득 주택 현황

③ 취득 주택 소재지 및 별장 고급주택 여부	주 소				
	조정대상지역	□ 여　□ 부		별장 고급주택	□ 여　□ 부
④ 중과세 제외 주택 여부	□ 해당 없음　□ 해당 (「지방세법 시행령」 제28조의2제(　)호의 주택)				
⑤ 취득 원인	□ 무상취득　/　유상거래 (□ 매매　□ 분양권에 의한 취득)				
⑥ 계약일			⑦ 취득일		
⑧ 취득 가격					
⑨ 취득주택 면적(㎡)	총면적	토 지 건 물	취득지분	％ ％	취득면적	토 지 건 물
⑩ 일시적 2주택 여부	□ 일시적 2주택　□ 해당 없음				

③ 1세대 소유주택 현황　※ 신규로 취득하는 주택을 포함합니다.

	소유주택 수	□ 1주택　□ 일시적 2주택　□ 2주택　□ 3주택　□ 4주택 이상				
⑪ 1세대 소유주택 현황 ※ 기재사항이 많을 경우 별지로 작성할 수 있습니다.	소유주택 현황	유 형	소유자	소재지 주소	취득일	주택 수 산정 포함 여부*
		단독 공동주택				□ 포함　□ 제외
						□ 포함　□ 제외
		'20.8.12. 이후 계약	주택 분양권			□ 포함　□ 제외
						□ 포함　□ 제외
		'20.8.12. 이후 취득	주거용 오피스텔			□ 포함　□ 제외
						□ 포함　□ 제외
			조합원 입주권			□ 포함　□ 제외
						□ 포함　□ 제외

*「지방세법 시행령」 제28조의4제5항 각호의 어느 하나에 해당하는 주택은 주택 수 산정 시 제외합니다.

④ 신규 주택 적용 취득세율

취득구분	중과세 제외 주택		무상취득			유상거래							
									개인				
규제구분	무상 취득	유상 거래	조정대상지역		조정대상지역 외 지역	법인 및 단체	조정대상지역			조정대상지역 외 지역			
총 소유주택 수 (신규 주택 포함)			3억 이상	3억 미만			1주택 일시적 2주택	2주택	3주택 이상	2주택 이하	3주택	4주택 이상	
⑫ 취득세율	3.5%	1~3%	12%	3.5%	12%	12%	1~3%	8%	12%	1~3%	8%	12%	
	□	□	□	□	□	□	□	□	□	□	□	□	
별장 고급주택	□ ⑫ 취득세율에 8% 가산												

※ 향후 세대별 주택 수 확인 결과 신고내용과 다르거나 일시적 2주택으로 신고했으나 종전주택을 기한 내에 처분하지 않은 경우 가산세를 포함하여 추가로 취득세가 부과될 수 있음을 확인합니다.

신고인 :　　　　　　　　　(서명 또는 인)

1. "① 취득자 구분"란에는 신고 대상 주택 취득자가 개인인지 법인("지방세법" 제13조의2제1항제1호에 따른 법인을 말합니다)인지 구분하여 표기합니다.

2. "② 세대 현황"란에는 신고 대상 주택 취득일 현재를 기준으로 신고 대상 주택을 취득하는 사람과 '주민등록법」 제7조에 따른 세대별 주민등록표 또는 '출입국관리법」 제34조제1항에 따른 등록외국인기록표 및 외국인등록표에 함께 기재되어 있는 가족(동거인은 제외합니다)으로 구성된 세대의 현황을 적습니다. 이 경우 다음 기준에 유의하여 적어야 합니다.

   가. 주택을 취득하는 사람과 같은 세대별 주민등록표 또는 등록외국인기록표등에 기재되어 있지 않더라도 1세대에 포함되는 것으로 보아, 세대원란에 적어야 하는 대상

      1) 주택을 취득하는 사람이 혼인했거나 30세 이상인 경우: 배우자, 취득일 현재 미혼인 30세 미만의 자녀. 다만, 미성년자가 아니면서 소득이 '국민기초생활 보장법」 제2조제11호에 따른 기준 중위소득의 100분의 40 이상이고, 소유하고 있는 주택을 관리·유지하면서 독립된 생계를 유지할 수 있는 자녀는 제외합니다.

      2) 주택을 취득하는 사람이 미혼이고 30세 미만인 경우: 주택을 취득하는 사람의 부모

   나. 주택을 취득하는 사람과 같은 세대별 주민등록표 또는 등록외국인기록표등에 기재되어 있더라도 1세대에 포함되지 않는 것으로 보지 않아, 세대원란에는 적지만 1세대 포함 여부에는 제외하는 경우

      1) 취득일 현재 65세 이상의 부모(부모 중 어느 한 사람이 65세 미만인 경우를 포함합니다)를 동거봉양(同居奉養)하기 위하여 30세 이상의 자녀, 혼인한 자녀 또는 소득이 '국민기초생활 보장법」 제2조제11호에 따른 기준 중위소득의 40퍼센트 이상인 성년인 자녀가 합가(合家)한 경우

      2) 취학 또는 근무상의 형편 등으로 세대 전원이 90일 이상 출국하는 경우로서 '주민등록법」 제10조의3제1항 본문에 따라 해당 세대가 출국 후에 속할 거주지를 다른 가족의 주소로 신고한 경우

3. "③ 취득 주택 소재지 및 별장·고급주택 여부"란에는 신고 대상 주택의 주소와 조정대상지역 여부, 별장·고급주택 여부를 적습니다.

4. "④ 중과세 제외 주택"이란 '지방세법 시행령」 제28조의2 각호의 어느 하나에 해당하여 중과세 대상으로 보지 않는 주택을 말하는 것으로, 중과세 제외 주택으로 표시한 경우 해당 규정의 몇 호에 해당하는지를 적습니다.

5. "⑤ 취득 원인"란에는 신고 대상 주택의 취득 원인이 무상취득 또는 유상거래(매매 또는 분양권에 의한 취득)인지를 구분하여 표기합니다.

6. "⑥ 계약일"란에는 신고 대상 주택의 증여계약일, 매매계약일 또는 분양권 계약일을 적습니다.

7. "⑦ 취득일"란에는 무상취득의 경우에는 신고 대상 주택의 계약일을, 유상거래의 경우에는 신고 대상 주택의 계약서상 잔금지급일 또는 부동산 등기일 중 빠른 날을 적습니다.

8. "⑧ 취득 가격"란에는 무상취득의 경우에는 신고 대상 주택의 시가표준액을, 유상거래의 경우에는 신고 대상 주택의 구입가격을 적습니다.

9. "⑨ 취득주택 면적"란에는 신고 대상 주택의 토지·건물의 총면적, 취득지분 및 취득면적을 적습니다.

10. "⑩ 일시적 2주택 여부"란에는 '지방세법 시행령」 제28조의5에 따라 국내에 주택, 조합원입주권, 주택분양권 또는 오피스텔을 1개 소유한 1세대로서 그 주택, 조합원입주권, 주택분양권 또는 오피스텔을 소유한 상태에서 이사·학업·취업·직장이전 및 이와 유사한 사유로 신고 대상 주택을 추가로 취득한 후 3년(이미 소유하고 있는 주택, 조합원입주권, 주택분양권 또는 오피스텔과 신고 대상 주택이 모두 조정대상지역에 있는 경우에는 1년) 이내에 이미 소유하고 있는 주택, 조합원입주권, 주택분양권 또는 오피스텔을 처분하려는 경우에는 일시적 2주택란에 표기합니다.

11. "⑪ 1세대 소유주택 현황"란에는 신고 대상 주택을 포함하여 신고 대상 주택 취득일 현재 1세대가 소유하고 있는 단독·공동주택, 2020.8.12. 이후 계약한 주택분양권, 2020.8.12. 이후 취득한 조합원입주권 또는 주거용 오피스텔의 소유자, 소재지 주소와 취득일을 적습니다. 이 경우 주택의 공유지분이나 부속토지만을 소유하는 경우도 주택을 소유한 것으로 보고, '지방세법 시행령」 제28조의4 제5항 각호의 어느 하나에 해당하는 주택은 주택 수 산정에서 제외합니다.

12. "⑫ 취득세율"란에는 신고 대상 주택의 중과세 제외 여부, 취득 원인, 소재지(조정 대상 지역 여부) 및 1세대 소유주택 수 등을 확인하여 해당 세율을 표기합니다.

재건축 보유세 관련 세무상 쟁점

재건축과 관련된 보유세에는 대표적으로 재산세와 종부세가 있다. 그렇다면 재건축 관련 보유세와 관련된 세무상 쟁점은 무엇인지 간략히 핵심만 정리해보자.

1. 재산세

1) 재산세 과세기준일

재산세를 포함한 종부세의 과세기준일은 매년 6월 1일이다.

2) 재산세 납세의무자

재산세는 위 과세기준일 현재 부동산을 소유한 자가 납세의무자가 된다. '지방세법' 제107조에서 다음과 같이 규정하고 있다.

---

① 재산세 과세기준일 현재 재산을 사실상 소유하고 있는 자는 재산세를 납부할 의무가 있다.

② 제1항에도 불구하고 재산세 과세기준일 현재 다음 각 호의 어느 하나에 해당하는 자는 재산세를 납부할 의무가 있다.
  1. 공부상의 소유자가 매매 등의 사유로 소유권이 변동되었는데도 신고하지 아니하여 사실상의 소유자를 알 수 없을 때에는 공부상 소유자
  2. 상속이 개시된 재산으로서 상속등기가 이행되지 아니하고 사실상의 소유자를 신고하지 아니하였을 때에는 행정안전부령으로 정하는 주된 상속자
  3. 공부상에 개인 등의 명의로 등재되어 있는 사실상의 종중재산으로서 종중 소유임을 신고하지 아니하였을 때에는 공부상 소유자

> 5. '신탁법' 제2조에 따른 수탁자의 명의로 등기 또는 등록된 신탁재산의 경우에는 제1항에도 불구하고 같은 조에 따른 위탁자('주택법' 제2조 제11호 가목에 따른 지역주택조합 및 같은 호 나목에 따른 직장주택조합이 조합원이 납부한 금전으로 매수하여 소유하고 있는 신탁재산의 경우에는 해당 지역주택조합 및 직장주택조합을 말하며, 이하 이 장에서 "위탁자"라 한다). 이 경우 위탁자가 신탁재산을 소유한 것으로 본다.
> 6. '도시개발법'에 따라 시행하는 환지(換地) 방식에 의한 도시개발사업 및 '도정법'에 따른 정비 사업(재개발 사업만 해당한다)의 시행에 따른 환지계획에서 일정한 토지를 환지로 정하지 아니하고 체비지 또는 보류지로 정한 경우에는 사업시행자

재산세 납세의무자는 실제 부담자와 다를 수 있다. 예를 들어 지역주택조합에 신탁한 재산에 대한 재산세 납세의무자는 조합이지만 실제 부담자는 조합원이 된다.

3) 재건축과 재산세

재건축 등에 의해 사업이 진행될 때 재산세는 다음과 같이 납부한다.

① 관리처분인가 전

이 경우에는 해당 부동산에 대한 재산세가 부과된다. 주택은 주택, 상가는 일반건물로 과세된다.

② 관리처분인가 후

이 경우에는 건물의 철거나 멸실 여부에 따라 재산세 과세 방식

이 결정된다. 즉 관리처분인가 후라도 철거나 멸실이 되지 않으면 해당 부동산이 존재한 것으로 보고 재산세가 고지된다. 따라서 건물철거가 된 상황이라면 멸실등기를 하면 토지에 대한 재산세로 변경된다.

📌 사업시행 중 재산세는 분리과세로 과세된다. 건설용으로 사용되는 토지에 대한 재산세는 저렴하게 부과할 필요가 있기 때문이다.

※ 지령 제102조(분리과세 대상 토지의 범위) 제7항

7. '주택법'에 따라 주택건설사업자 등록을 한 주택건설사업자(같은 법 제11조에 따른 주택조합 및 고용자인 사업 주체와 '도정법' 제24조부터 제28조까지 또는 '소규모주택법' 제17조부터 제19조까지의 규정에 따른 사업시행자를 포함한다)가 주택을 건설하기 위하여 같은 법에 따른 사업계획의 승인을 받은 토지로서 주택건설사업에 제공되고 있는 토지('주택법' 제2조 제11호에 따른 지역주택조합·직장주택조합이 조합원이 납부한 금전으로 매수하여 소유하고 있는 '신탁법'에 따른 신탁재산의 경우에는 사업계획의 승인을 받기 전의 토지를 포함한다)

2. 종부세

종부세는 재산세 과세 방식에 맞춰 부과가 된다. 따라서 재산세 과세 방식이 주택이면 종부세도 주택으로, 토지에 해당하면 토지로 보아 종부세를 과세한다.

1) 관리처분인가 전

이때에는 부동산이 살아 있으므로 해당 부동산에 대한 재산세가
과세되고 이에 맞춰 종부세가 부과된다.

2) 관리처분인가 후

관리처분인가일 후 건축물이 멸실되면 토지에 대해 재산세가 분
리과세되므로 종부세는 부과되지 않는다. 토지의 종부세는 별도합
산 대상 토지나 종합합산 대상 토지에 대해서만 부과되기 때문이
다. 아래 규정을 참조하기 바란다.

※ 종부세법 제11조

토지에 대한 종부세는 국내에 소재하는 토지에 대하여 '지방세법' 제106조 제
1항 제1호에 따른 종합합산과세 대상과 같은 법 제106조 제1항 제2호에 따른
별도합산과세 대상으로 구분하여 과세한다.

신축된 아파트 등에 대해서는 기준시가를 어떤 식으로 책정할까? 이에 대한 내용을 간략하게 정리해보자.

※ 종부세 집행기준 2-0-6 [공시가격이 공시되지 아니한 경우]

공시가격이 공시되지 아니한 경우에는 '지방세법' 제4조 제1항 단서* 및 같은 조 제2항에 따른 가액으로 한다.

* '지방세법' 제4조 제1항 단서

구분	가액
공동주택	지역별·단지별·면적별·층별 특성 및 거래가격 등을 참작해 행정안전부 장관이 정하는 기준에 따라 시장·군수가 산정한 가액
단독주택	국토교통부장관이 제공한 주택가격비준표를 사용해 시장·군수가 산정한 가액
토지	국토교통부장관이 제공한 토지가격비준표를 사용해 시장·군수가 산정한 가액

제**3**장

재건축 양도세
쟁점 해결을 위한
기초지식 쌓기

양도의 개념

재건축에 대한 세무상 쟁점은 취득세와 양도세 분야에서 발생하지만, 이 중 후자에서 대부분 발생하고 있다. 시장 참여자도 많고 그에 따라 거래의 형태가 매우 다양하게 발생하고 있기 때문이다. 따라서 세목별로 세무상 쟁점을 알아보기 전에 이에 대한 기초개념부터 확실히 잡고 가는 것이 좋다. 이하에서 이에 대해 알아보자.

❶ 양도의 개념

양도세는 부동산이나 권리 등을 대가를 받고 소유권을 이전할 때 발생하는 세목이다. 그렇다면 여기서 "양도"에는 어떤 것들이 포함될까?

이에 대해서는 다음의 '소득세법' 제88조 제1호에서 정의하고 있다.

> 1. "양도"란 자산에 대한 등기 또는 등록과 관계없이 매도, 교환, 법인에 대한 현물출
>   자 등을 통하여 그 자산을 유상으로 사실상 이전하는 것을 말한다. 이 경우 대통
>   령령으로 정하는 부담부증여 시 수증자가 부담하는 채무액에 해당하는 부분은 양
>   도로 보며, 다음 각 목의 어느 하나에 해당하는 경우에는 양도로 보지 아니한다
>   (2020.12.29. 개정).
>   가. '도시개발법'이나 그 밖의 법률에 따른 환지처분으로 지목 또는 지번이 변경되
>   거나 보류지(保留地)로 충당되는 경우(2016.12.20. 개정)

위의 내용을 조금 더 살펴보자.

첫째, 양도에는 매도, 교환, 법인[29]에 대한 현물출자 등이 포함된다.

재건축 사업의 경우 조합(법인)에 토지를 출자하면 이때 양도로 보아 양도세가 나오는 것이 원칙이다.

둘째, 양도는 등기 등과 관계없이 자산이 유상[30]으로 사실상 이전되는 것을 말한다.

이러한 규정에 따라 등기 전이라도 잔금을 청산하면 양도가 발생한 것으로 보아 양도세를 부과한다.

셋째, 부담부증여에서 수증자가 부담한 채무액은 양도로 본다.

부채와 함께 증여하는 부담부증여에서 수증자가 부담한 채무액은 양도로 보아 이에 대해 양도세가 부과된다.

넷째, 환지처분으로 지목이나 지번이 변경되는 경우 등은 양도로 보

---

29) 조합에 대한 현물출자도 원칙적으로 "양도"로 본다.

30) 유상에는 금전뿐만 아니라 현물(조합원입주권, 주택분양권) 등도 포함된다.

지 않는다.

원래 법인에 현물출자하는 것은 양도에 해당하나, 예외적으로 환지처분은 양도에서 제외한다. '도정법' 등에 따른 재건축이나 재개발 사업은 "환지처분"에 해당하므로 조합(법인)에 신탁·출자 시 양도세 과세 문제가 발생하지 않는다.[31]

※ 소득세 집행기준 88-151-1 [환지처분 또는 체비지충당]

'도시개발법' 또는 기타 법률에 의한 환지처분으로 지목 또는 지번이 변경되거나 체비지로 충당되는 경우, 유상양도에 해당함에도 환지사업의 원활한 시행 등을 위하여 양도로 보지 않는다(2010.6.23. 제정).

참고로 앞의 제1호 가목에서 "환지처분"과 "보류지"란 소령 제152조에서 다음과 같이 규정하고 있다.

① 법 제88조 제1호 가목에서 "환지처분"이란 '도시개발법'에 따른 도시개발사업, '농어촌정비법'에 따른 농업생산기반 정비 사업, 그 밖의 법률에 따라 사업시행자가 사업 완료 후에 사업구역 내의 토지 소유자 또는 관계인에게 종전의 토지 또는 건축물 대신 그 구역 내의 다른 토지 또는 사업시행자에게 처분할 권한이 있는 건축물의 일부와 그 건축물이 있는 토지의 공유지분으로 바꾸어주는 것(사업시행에 따라 분할·합병 또는 교환하는 것을 포함한다)을 말한다(2017.2.3. 개정).

② 법 제88조 제1호 가목에서 "보류지(保留地)"란 제1항에 따른 사업시행자가 해당 법률에 따라 일정한 토지를 환지로 정하지 아니하고 다음 각 호의 토지로 사용하기 위하여 보류한 토지를 말한다(2017.2.3. 개정).
  1. 해당 법률에 따른 공공용지(2012.2.2. 신설)
  2. 해당 법률에 따라 사업구역 내의 토지 소유자 또는 관계인에게 그 구역 내의 토지로 사업비용을 부담하게 하는 경우의 해당 토지인 체비지(2012.2.2. 신설)

---

31) 환지처분 방식이 아닌 경우에는 조합에 현물출자 시 양도세가 과세된다. 대표적으로 '주택법'에 따른 지역주택조합이 있다.

❷ 현물출자와 환지처분의 비교

앞의 제1장에서 재건축 등의 사업은 각 법률에 따라 환지처분 방식과 수용·사용 방식에 따라 진행됨을 알았다. 이러한 방식에 따라 양도세 과세 방식도 달라지는데, 현행 '소득세법'은 조합(법인)에 현물출자하는 것은 원칙적으로 양도로 보고 양도세를 과세하지만, 예외적으로 환지처분은 양도로 보지 않고 있다. 이로 인해 재건축 관련 양도세 과세 방식이 확 달라진다. 이를 표로 요약하면 다음과 같다.

구분	현물출자(원칙)	환지처분(예외)
개념	조합에 토지를 유상으로 출자(양도)하고, 그 대가로 권리(주택분양권)를 획득하는 것	종전의 토지 등에 갈음해 처분계획에 따라 권리(조합원입주권)을 취득하는 것
청산금[32] 발생 여부	발생하지 않음.	발생함.
'소득세법' 양도 여부	양도에 해당함.	양도에서 제외함.
조합에 현물출자 시	양도세 과세됨(주의!)	양도세 과세되지 않음 (과세시기 이연 효과).
사업유형	'주택법'에 따른 지역주택조합, 직장조합 등의 사업(우측 외의 사업)	'도정법'상 재건축·재개발 사업, '소규모주택법'상 4가지 사업(재건축·재개발·자율·가로주택사업)
부동산을 취득할 수 있는 권리	주택분양권*	조합원입주권

* 2021년 이후에 취득한 주택분양권은 주택 수에 포함되어 비과세와 중과세판단에 영향을 준다. 따라서 이에 해당하는 주택분양권인지의 여부에 대해서는 늘 관심을 둬야 한다. 사업의 종류와 취득시기 등에 따라 쟁점이 발생하기 때문이다.

32) 청산금은 '도정법' 등에서 환지처분 방식에 따라 사업을 진행한 결과 자신의 지분(권리가액 = 평가액)과 조합원분양가의 차액을 말한다. 전자가 더 크면 차액을 수령하게 되고, 후자가 더 크면 차액을 납부해야 한다. 청산금 계산 방법에 대해서는 부록을 참조하기 바란다.

양도세 과세와
비과세 대상

이와 같이 양도에 대한 개념을 파악했다면, 다음으로 해야 할 것은 양도세 과세 대상과 비과세 대상을 정확히 이해하는 것이다. 특히 조합원입주권과 주택분양권이 어떤 식으로 구분되고 있는지 제대로 살펴볼 필요가 있다.

① 양도세 과세 대상

양도세 과세 대상은 '소득세법' 제94조에서 규정하고 있다. 주요 항목을 나열하면 다음과 같다.

구분	과세 대상
1. 부동산	토지, 건물(무허가, 미등기 건물도 과세 대상 포함)
2. 부동산에 관한 권리	부동산을 취득할 수 있는 권리, 지상권, 전세권, 등기된 부동산 임차권
3. 주식 등	
4. 기타자산	사업용 고정자산과 함께 양도하는 영업권, 특정시설물 이용권· 회원권, 특정 주식, 부동산 과다보유법인 주식 등, 부동산과 함께 양도하는 이축권

　　재건축 사업과 관련한 조합원입주권과 주택분양권은 위 표 2의 "부동산에 관한 권리" 중 "부동산을 취득할 수 있는 권리"에 해당한다. 이처럼 조합원입주권과 주택분양권은 같은 양도세 과세 대상에 포함된다는 공통점이 있다. 다만, 구체적인 과세 방식에서는 차이가 난다. 주요 항목만 비교하면 다음과 같다.

구분	조합원입주권	주택분양권
양도차익	• 양도가액－취득가액(청산금 포함) ☞ 관리처분인가일 전과 후의 차익을 구분	양도가액－취득가액
장특공제	관리처분인가일 전의 차익에 대해 적용	적용하지 않음.
세율	• 1년 미만 : 70% • 1~2년 미만 : 60% • 2년 이상 : 6~45%	• 1년 미만 : 70% • 1년 이상 : 60%

❷ 비과세 적용 대상

　　위와 같이 조합원입주권과 주택분양권은 원칙적으로 양도세 과세 대상에 해당한다. 다만, 법에서 정한 요건을 충족하는 경우에는 예외적으로 양도세를 비과세하고 있다. 이를 요약하면 다음과 같다.

구분		1세대 1주택 비과세	일시적 2주택 비과세
1. 권리의 양도	조합원 입주권	가능 (관리처분인가일 기준 2년 보유 등)	가능 (주택 취득일부터 3년 이내 처분)
	주택분양권	불가능	불가능
2. 주택의 양도		가능(양도일 기준 2년 보유 등)	가능 • 조합원입주권 취득 후 3년 이내 양도 등 • 주택분양권 취득 후 3년 이내 양도 등

이 표의 내용을 좀 더 세부적으로 살펴보자.

1) 권리의 양도와 비과세

권리인 조합원입주권과 주택분양권을 양도하면 과세하는 것이 원칙이나, 조합원입주권에 대해서는 다음과 같이 비과세를 적용한다.

- 1개의 조합원입주권으로 관리처분인가일(철거일) 현재 2년 이상 보유 시 비과세를 적용한다('소득세법' 제89조 제1항 제4호 가목).
- 1개의 조합원입주권과 1개의 주택을 보유 시 3년 이내에 조합원입주권 양도 시 비과세를 적용한다('소득세법' 제89조 제1항 제4호 나목).

❸ 주택분양권은 주택으로 보유한 적이 없으므로 비과세를 적용하지 않는다.

2) 주택의 양도와 비과세

주택을 보유한 중에 권리를 취득하면 2주택이 될 수 있다. 이러한 상황에서 세법에서는 다음과 같이 비과세를 적용한다. 참고로 이러한 특례가 적용되는 권리는 주택 수에 포함되는 조합원입주권과 주택분양권에 한한다. 따라서 전자는 '도정법'과 '소규모주택법'을, 후자는 '주택법' 등 8개의 법률에 의해 생성되어야 한다. 만일 '건축법'에 의해 생성된 빌라분양권은 이러한 법률과 무관하므로 아래와 같은 특례가 적용되지 않는다(제1장 등 참조).

- 일시적 2주택
  - 조합원입주권 또는 주택분양권을 취득한 날로부터 3년 이내에 주택을 양도하면 비과세를 적용한다(소령 제156조의2, 소령 제156조의3).

- 일시적 2주택 특례
  - 위의 상황에서 3년을 경과한 경우에는 실수요자의 요건[33]을 추가로 갖추면 비과세를 적용한다.

> **Tip | 사업시행 중 대체주택 비과세 특례** ≫
>
> 재건축 등의 사업진행 중에 거주용 주택에 대한 비과세 특례는 원칙적으로 사업시행인가일 현재 원조합원인 1세대 1주택 보유자에게만 주어진다(참고로 사업시행일가일 현재 무주택 상태에서 관리처분인가일 전에 재건축 예정 주택을 취득하고 대체주택을 취득한 경우에도 이 규정을 적용받을 수 있다). 따라서 이날 현재 2주택 이상 보유한 상태에서 대체주택을 취득하면 이러한 혜택이 주어지지 않는다(단, 일시적 2주택자는 제외). 한편 주택분양권 보유자에게는 이러한 특례가 아예 주어지지 않는다.

---

33) 조합원입주권에 의해 완공된 주택으로 전입해서 거주하는 등의 요건을 말한다. 뒤에서 자세히 살펴본다.

재건축 양도세
계산구조

　재건축 관련해서 발생한 조합원입주권이나 주택분양권 자체를 양도하는 경우도 많고, 완공된 후에 주택으로 양도하는 경우도 많다. 그런데 이와 관련된 실무처리를 잘해내기 위해서는 양도세 계산구조를 미리 알아둘 필요가 있다. 재건축 양도세는 원조합원이 보유한 조합원입주권과 완공주택에서 주로 쟁점이 발생한다. 장기보유특별공제(장특공제)를 적용하기 위해 양도차익을 안분하는 과정이 있기 때문이다. 이하에서 재건축 양도세 계산구조에 대해 간략히 살펴보자.

❶ 권리의 양도

　조합원입주권과 주택분양권인 권리의 양도에 따라 양도세가 과세되면 다음과 같은 구조로 이를 계산하게 된다.

구분	조합원입주권		주택분양권
	원조합원	승계조합원	
양도가액	양도가액	양도가액	양도가액
– 취득가액	취득가액(청산금포함)	취득가액	취득가액
= 양도차익	관리처분인가일 전과 후로 구분	구분 ×	구분 ×
– 장특공제	가능(관리처분인가일 전만 가능)	×	×
= 양도소득금액			
– 기본공제			
= 과세표준			
× 세율	일반세율[*1]	일반세율	중과세율[*2]

[*1] 70%, 60%, 6~45%

[*2] 주택분양권에 대한 중과세율을 말한다. 70%, 60%로 되어 있다.

위의 원조합원의 양도차익은 관리처분인가일 전과 후로 나눠야 한다. 전자의 양도차익에 대해서만 장특공제가 적용되기 때문이다. 참고로 전체 양도차익은 다음과 같이 구성된다.

- 관리처분인가일 전 양도차익 : 관리처분인가일 당시의 기존건물의 평가액-기존건물의 취득가액
- 관리처분인가일 후 양도차익 : 조합원입주권 양도가액 – (기존건물의 평가액 + 청산금납부액[*])

  * 청산금납부액은 일종의 취득가액이 된다.

❷ 완공주택의 양도

조합원입주권과 주택분양권에 의해 주택이 완공된 후에 이를 양도함으로써 양도세가 과세되는 경우, 다음과 같이 이를 계산한다.

구분	완공주택		주택분양권으로 완공된 주택
	원조합원	승계조합원	
양도가액	양도가액	양도가액	양도가액
− 취득가액	취득가액(청산금포함)	취득가액	취득가액
= 양도차익	기존건물과 청산금 납부액으로 구분	구분 ×	구분 ×
− 장특공제	가능 • 기존건물 : 당초 취득일~ • 청산금 : 관리처분 인가일~	가능(준공일~)	가능(잔금일~)
= 양도소득금액			
− 기본공제			
= 과세표준			
× 세율	• 일반세율*1 • 주택중과세율*2	• 일반세율 • 주택중과세율	• 일반세율 • 주택중과세율

*1 70%, 60%, 6~45%

*2 2주택 중과세율(6~45%+20%p), 3주택 중과세율(6~45%+30%p)

완공주택의 양도차익도 앞의 조합원입주권처럼 안분하는 과정이 있다. 완공주택의 경우, 기존건물과 청산금으로 취득한 부동산에서 발생한 양도차익으로 구분해 각각 장특공제를 적용하고 있다.

주택에 대한 중과세제도는 수시로 개폐가 될 수 있으니 최근의 세법을 확인해야 한다. 2023년 9월 현재 2년 이상 보유한 주택에 한해 2022년 5월 10일부터 2년간 중과세제도가 한시적으로 폐지되었다.

Tip 조합원입주권과 완공주택 양도 시 양도차익을 구분해야 하는 경우 ≫		
구분	원조합원	승계조합원
청산금 납부 시	• 조합원입주권 : 구분 ○	• 조합원입주권 : 구분 ×
청산금 수령 시	• 완공주택 : 구분 ○	• 완공주택 : 구분 ×
비고	1+1 재건축 포함	–

보유기간의 산정과
세제의 적용

재건축 관련 양도세 비과세와 과세적용 시 보유기간의 산정 방법을 잘 이해해두는 것도 필요하다. 예를 들어 1세대 1주택 비과세를 위해서는 "2년 보유"가 필수적인 요건인데, 이 기간을 어떤 식으로 따지는지 알아둬야 한다는 것이다. 물론 재건축의 경우, 청산금을 납부한 경우에는 기존건물과 청산금으로 취득한 부분을 구분해 보유기간을 따져야 할 때도 있다. 이하에서 이에 대해 정리해보자.

❶ 비과세와 보유기간

1) 일반적인 경우

1세대 1주택 비과세의 경우 기본적으로 2년을 보유해야 한다. 이에 대해 소령 제154조 제5항에서 다음과 같이 규정하고 있다.

⑤ 제1항에 따른 보유기간의 계산은 법 제95조 제4항*에 따른다.

* 자산의 보유기간은 그 자산의 취득일부터 양도일까지로 한다.

2) 재건축의 경우

① 원조합원

관리처분인가일 전에 주택을 보유한 경우의 비과세 보유기간은 "당초 취득일~양도일"까지를 기준으로 한다. 이때 청산금을 납부한 경우로서 토지의 면적이 증가한 것은 새로운 취득으로 보아 준공일부터 양도일까지를 보유기간으로 한다.[34]

※ 관련 예규 : 재산-1040(2009.12.18)

'도정법'에 따라 재건축한 주택을 양도하는 경우 1세대 1주택 비과세 요건의 보유기간 계산은 멸실된 구주택의 보유기간과 재건축기간 및 재건축한 신주택의 보유기간을 합산하며 거주기간 계산은 그 보유기간 중 거주한 기간으로 계산하는 것이나, 재건축 사업계획에 따라 추가로 청산금을 납부한 경우로서 새로 취득한 재건축주택의 부수토지가 종전주택의 부수토지보다 증가한 경우, 그 증가된 부수토지는 당해 재건축 사업에 의해 취득하는 주택의 사용검사필증 교부일(사용검사 전에 사실상 사용하거나 사용승인을 받은 경우에는 그 사실상 사용일 또는 사용승인일)부터 보유기간 및 거주기간을 계산하는 것임.

② 승계조합원

관리처분인가일 후에 조합원입주권을 취득한 승계조합원의 비과세 보유기간은 취득일(즉 준공일)~양도일까지로 한다.

---

34) 토지의 면적이 감소하거나 건물의 면적이 증가하는 것은 이러한 해석을 적용하지 않는다.

❷ 과세와 보유기간

1) 장특공제의 적용

① 일반적인 경우

장특공제는 원칙적으로 부동산의 보유기간별로 적용되는데, 이때 보유기간은 '소득세법' 제95조 제4항에서 다음과 같이 정하고 있다.

④ 제2항에서 규정하는 자산의 보유기간은 그 자산의 취득일부터 양도일까지로 한다.

② 재건축의 경우
- 원조합원
  - 조합원입주권은 기존건물의 취득일~관리처분인가일 기준(부동산만 공제 적용)으로 한다.
  - 완공주택은 기존건물과 청산금납부분으로 나눈 후, 전자는 기존건물의 취득일~양도일, 후자는 관리처분인가일~양도일 기준으로 한다.
- 승계조합원 : 준공일~양도일 기준으로 한다.

2) 세율의 적용
- 원조합원 : 조합원입주권·완공주택은 기존건물의 취득일~조합원입주권, 또는 완공주택의 양도일 기준으로 한다.
- 승계조합원 : 조합원입주권은 취득일(잔금)~양도일, 완공주택은 준공일~양도일 기준으로 한다.

※ 재건축 양도세 관련 보유기간

구분	양도세 비과세 보유기간	양도세 장특공제 보유기간	양도세율 보유기간
원조합원	• 기존건물 : 취득일~완공주택 양도일 • 청산금 : 준공일~양도일	• 기존건물 : 좌동 • 청산금 : 관리처분일~양도일	기존건물 취득일~양도일
승계조합원	준공일~양도일	좌동	좌동

❸ 거주기간

1) 비과세

2017년 8월 3일 이후 조정지역 내에서 취득한 주택에 대한 비과세 요건에 2년 거주요건이 추가되었다. 이때 거주요건은 전체 보유기간 중에 실제 거주한 기간을 기준으로 한다. 다만, 주의해야 할 것은 재건축의 경우 청산금을 납부하면서 면적이 증가한 부분은 준공일 이후를 기준으로 한다는 것이다.

2) 장특공제

① 원칙

전체 보유기간 중에서 실제 거주한 기간을 합산한다.

② 예외

1주택자에 대한 특례(80%)는 다음과 같이 적용한다(구체적인 적용법은 제5장 참조).

- 기존건물의 양도차익 : 전체 보유기간 중 실제 거주기간을 기준
- 청산금분 양도차익 : 관리처분인가일 후 실제 거주기간을 기준(주의!)

🈷 양도세 비과세나 고가주택의 장특공제 80% 등을 적용받기 위해 "2년 거주요건"이 필요하는 경우가 있다. 그런데 이 요건을 갖추지 못한 경우에는 비과세 등이 적용되지 않으므로 이때에는 상생임대차계약을 맺어 2년 이상 임대를 하면 된다. 이 계약은 이 계약 기간 내에 5% 이내에서 임대료를 올리면 "2년 거주요건"을 면제해준다(2020.12.20.~2024.12.31. 기간 내 적용. 소령 제155조의3 참조).

| Tip 소득세 집행기준 89-154-35 재건축한 주택의 보유 및 거주기간 계산 ≫ |

구분	보유 및 거주기간 포함 여부		
	종전주택	공사기간	재건축주택
소실·노후 등으로 재건축한 경우 (임의재건축)*	포함	포함하지 않음.	포함
'도정법'에 따라 재건축한 경우	포함	보유 : 포함. 거주 : 포함하지 않음.	포함

* 임의재건축은 '건축법'을 적용받는다. 이에 따라 아래와 다르게 세제를 적용한다.

양도 또는 취득시기

양도세 비과세와 과세를 적용할 때에는 법에서 정하고 있는 요건들을 충족해야 한다. 그런데 이때 부동산의 양도 또는 취득시기의 판단이 기본적으로 중요하다. 이를 기준으로 비과세 요건을 판단하거나 과세 방식 등을 정하고 있기 때문이다. 이하에서 이에 대해 알아보자.

❶ '소득세법'상 양도 또는 취득의 시기

'소득세법' 제98조에서는 양도세 비과세와 과세를 적용할 때 필요한 부동산의 양도 또는 취득의 시기에 대해 다음과 같이 규정하고 있다.

> 자산의 양도차익을 계산할 때 그 취득시기 및 양도시기는 대금을 청산한 날이 분명하지 아니한 경우 등 대통령령으로 정하는 경우를 제외하고는 해당 자산의 대금을 청산한 날로 한다.

이 내용을 보면 취득 및 양도시기는 원칙적으로 자산의 "대금을 청산한 날"로 한다. 다만, 예외적으로 대통령령으로 정하는 경우에는 그 내용을 우선적으로 따르도록 하고 있다. 여기서 "대통령으로 정하는 경우"는 소령 제162조에서 다음과 같이 정하고 있다.

---

① 법 제98조 전단에서 "대금을 청산한 날이 분명하지 아니한 경우 등 대통령령으로 정하는 경우"란 다음 각 호의 경우를 말한다.

　2. 대금을 청산하기 전에 소유권 이전등기를 한 경우에는 등기부·등록부 또는 명부 등에 기재된 등기접수일

　3. 기획재정부령이 정하는 장기할부조건의 경우에는 소유권 이전등기접수일·인도일 또는 사용수익일 중 빠른 날

　4. 자기가 건설한 건축물에 있어서는 '건축법' 제22조 제2항에 따른 사용승인서 교부일[35]

　8. 완성 또는 확정되지 아니한 자산을 양도 또는 취득한 경우로서 해당 자산의 대금을 청산한 날까지 그 목적물이 완성 또는 확정되지 아니한 경우에는 그 목적물이 완성 또는 확정된 날. 이 경우 건설 중인 건물의 완성된 날에 관하여는 제4호를 준용한다.

　9. '도시개발법' 또는 그 밖의 법률에 따른 환지처분으로 인하여 취득한 토지의 취득시기는 환지 전의 토지의 취득일. 다만, 교부받은 토지의 면적이 환지처분에 의한 권리면적보다 증가 또는 감소된 경우에는 그 증가 또는 감소된 면적의 토지에 대한 취득시기 또는 양도시기는 환지처분의 공고가 있은 날의 다음 날로 한다.

---

35) 다만, 사용승인서 교부일 전에 사실상 사용하거나 같은 조 제3항 제2호에 따른 임시사용승인을 받은 경우에는 그 사실상의 사용일 또는 임시사용승인을 받은 날 중 빠른 날로 하고 건축허가를 받지 아니하고 건축하는 건축물에 있어서는 그 사실상의 사용일로 한다.

② 재건축 사업 관련 양도 또는 취득의 시기

1) 원칙

모든 부동산에 대한 원칙적인 양도 또는 취득시기는 "잔금청산일"이
된다.

2) 예외

- 잔금청산 전에 등기가 먼저 접수되면 등기접수일이 양도(취득)시기
  가 된다.
- 자가신축(재건축 완공주택)은 준공일이 취득시기가 된다(준공일 = 사용승
  인서 교부일, 임시사용승인일, 사실상 사용일 중 빠른 날).
- 분양주택의 경우 잔금청산일이 원칙이나 잔금청산 후에 완성이 되
  면 이 경우에는 제4호, 즉 자가신축 취득시기를 적용한다. 따라서
  이 경우 준공일이 취득시기가 된다.
- 환지처분에 의한 취득시기는 환지 전의 토지의 취득일로 본다. 다
  만, 교부받은 면적이 권리면적과 차이가 난 경우에는 환지처분의
  공고가 있은 날의 다음 날을 양도시기로 한다(제9호).

　⑰ 재건축 등의 사업과 관련해서도 앞의 내용을 적용해서 양도시
　　기 및 취득시기를 구분하면 된다. 다만, '도정법' 등의 환지처분
　　에 따라 받은 청산금에 대한 양도시기는 실무상의 현실을 반영해
　　2020년부터 다음과 같이 적용한다.

- 이전고시[36] 전에 잔금청산이 이루어진 경우 → 잔금청산일(원칙)

- 이전고시 후에 잔금청산이 이루어진 경우 → 이전고시일 다음 날

  (예외, 제9호 감안)

Tip **일시적 2주택 및 일시적 1주택+1입주권·분양권 특례 처분기한 연장** »

1. 일시적 2주택 처분기한 연장(2023.1.12. 이후 양도분부터 적용, 종부세는 2022년부터 적용)

구분	종전	현행(개정)
양도세 및 취득세	조정 → 조정 : 2년	3년
종부세	신규주택 취득일로부터 2년	3년

2. 일시적 1주택+1입주권·분양권 특례 처분기한 연장(2023.1.12. 이후 양도분부터 적용)

종전	현행(개정)
① 일시적 1세대 1주택+1입주권·분양권 특례 종전주택 처분기한 ○ (원칙) 입주권·분양권 취득일부터 3년 이내 양도 ○ (특례) 입주권· 분양권 취득일부터 3년 경과 시 : ❶ 또는 ❷ ❶ 신규주택 완공 전 양도 + 신규주택 완공일부터 2년 이내 세대원 전원 전입하여 1년 이상 거주 ❷ 신규주택 완공일부터 2년 이내 양도 + 세대원 전원 전입하여 1년 이상 거주	① 신규주택 완공 후 실거주하는 경우 처분기한 연장 ❶ 신규주택 완공 전 양도 + 신규주택 완공일부터 3년 이내 세대원 전원 전입하여 1년 이상 거주 ❷ 신규주택 완공일부터 3년 이내 양도 + 세대원 전원 전입하여 1년 이상 거주
② 대체주택* 처분기한 : ❶ 또는 ❷ * 재건축·재개발 기간 중 1년 이상 거주를 위해 취득한 주택 ❶ 신규주택 완공 전 양도 + 신규주택 완공일부터 2년 이내 세대원 전원 전입하여 1년 이상 거주 ❷ 신규주택 완공일부터 2년 이내 양도 + 세대원 전원 전입하여 1년 이상 거주	② 신규주택 완공 후 실거주하는 경우 처분기한 연장 ❶ 신규주택 완공 전 양도 + 신규주택 완공일부터 3년 이내 세대원 전원 전입하여 1년 이상 거주 ❷ 신규주택 완공일부터 3년 이내 양도 + 세대원 전원 전입하여 1년 이상 거주

---

36) 재건축 등이 완료된 이후 소유권을 조합원에게 이전하는 행정적인 절차를 말한다.

심층 분석 **관리처분인가일 후 주택이 멸실되지 않는 경우의 세무상 쟁점**

재건축 사업 절차상 관리처분인가가 떨어지면 이주가 시작되고 바로 멸실이 되는 경우가 일반적이다. 그런데 관리처분인가일 후에도 주택이 멸실이 되지 않은 경우도 있어 관련 세제를 어떤 식으로 적용할지의 여부가 궁금할 수 있다. 이하에서 이에 대해 세목별로 알아보자.

1. 취득세

지방세인 취득세는 취득 당시의 현황이 중요하다. 따라서 취득 당시 주택이 철거·멸실되지 않았다면 주택에 대해 세제가 적용되는 것이 원칙이다(이 경우 1~12%의 세율이 적용 가능하다). 그런데 주택이 철거·멸실되었는지의 여부가 불분명한 경우에는 공부상 철거·멸실일을 기준으로 주택 여부를 판단한다.

> 주택이 멸실되지 않은 경우에는 주택에 대한 취득세가 부과되므로 주의해야 한다. 다만, 시가표준액이 1억 원 이하인 주택은 중과세를 적용하지 않으나 정비구역지정 내의 주택은 중과세를 적용한다.[37]

---

37) 무허가주택이나 국유지 등에 대한 세무상 쟁점은 저자의 카페로 문의하기 바란다.

2. 보유세

보유세는 크게 재산세와 종합부동산세(종부세)가 있는데, 전자는 지방세, 후자는 국세에 해당한다. 현행 종부세는 재산세의 과세 방식에 크게 의존하는데, 만일 멸실되어 재산세가 분리과세되는 경우에는 종부세는 발생하지 않는다. 하지만 주택이 존재하는 것으로 보아 주택으로 재산세가 과세되면 종부세가 과세될 수 있다(멸실사실이 중요해 보인다).

3. 양도세

미철거주택이 양도세 비과세와 과세에 미치는 영향을 정리해보자.

1) 비과세

1세대 1주택에 대한 비과세를 판단할 때 관리처분인가일 후에 미철거주택이 있는 경우에는 주택이 있는 것으로 보아 양도세 비과세를 적용한다(납세자에게 유리한 조치에 해당한다).

※ 부동산 거래관리-267, 2010. 2.18

소령 제155조 제17항에 따른 조합원입주권 비과세 특례와 관련하여 기존주택의 보유기간 및 거주기간을 계산함에 있어 조합원입주권이 확정되는 날 이후에도 철거되지 않고 사실상 주거용으로 사용하는 경우에는 이를 주택으로 보아 보유기간 및 거주기간에 합산하는 것임.

🍀 관리처분인가일 현재 미철거된 경우에는 1세대 1주택의 비과세 판정 시 거주 및 보유기간 계산에 한해서 주택으로 보는 것이 현재의 세법 태도다. 다음의 과세 부분에서 확인하기 바란다.

2) 과세

관리처분인가일 후에 미철거주택을 양도할 때 과세가 되는 경우, 이에 대한 과세 방식을 정리해보자.

① 과세 대상의 구분

관리처분인가일 후에 미철거 주택이 있는 경우, 비과세 적용 시에는 주택으로 보나, 과세가 되는 경우에는 "미철거 조합원입주권"으로 보는 것이 과세관청의 입장이다.

※ 서면4팀-772(2005. 5.17)

1. '소득세법' 제94조의 규정에 의한 양도세의 과세 대상이 되는 자산의 종류를 판정함에 있어 '도정법'에 의한 주택재건축 사업을 시행하는 정비 사업조합의 조합원(사업시행인가일 또는 그 전에 기존주택이 철거되는 때에는 기존주택의 철거일 현재)이 당해 재건축 아파트의 사용검사필증 교부일(사용검사 전에 사실상 사용하거나 사용승인을 얻은 경우에는 그 사실상의 사용일 또는 사용승인일)까지는 이를 '부동산을 취득할 수 있는 권리'로 보아 양도세를 과세하는 것이나,

2. 다른 주택의 1세대 1주택 또는 1세대 2주택 여부를 판정함에 있어서는 부동산을 취득할 수 있는 권리가 확정된 날 이후에도 철거되지 않은 건물이 사실상 주거용으로 사용되고 있는 경우에는 이를 주택으로 보며, 이에 해당하는지 여부는 사실 판단할 사항임.

② 장특공제

조합원입주권의 양도로 인해 과세되는 경우 장특공제는 관리처분인가일 전의 양도차익에 대해 적용된다.

③ 세율

미철거 조합원입주권에 대해서는 중과세율이 적용되지 않는다.

제**4**장

재건축 양도세 비과세 적용법

재건축과 양도세
비과세 쟁점

앞에서 살펴본 재건축 사업과 관련된 양도세 비과세제도를 좀 더 세부적으로 알아보자. 재건축 양도세 비과세는 크게 조합원입주권에 대한 것과 주택에 대한 것으로 구분된다. 이 중 조합원입주권에 대한 비과세는 주로 원조합원에 대해, 주택에 대한 비과세는 원조합원과 승계조합원 모두에게 적용된다.

❶ 조합원입주권에 대한 양도세 비과세

1) 원칙

원래 양도세 비과세는 "1세대 1주택", 즉 사람이 살고 있는 주택에 대해 적용되는 것이 원칙이다. 따라서 이러한 원칙에 따르면 권리인 조합원입주권과 주택분양권에 대해서는 비과세해줄 이유가 없다. 당장 사람이 살고 있지 않기 때문이다.

2) 예외

2년 이상 보유한 주택이 재건축 등에 의해 멸실되어 조합원입주권을 보유한 경우라면 기득권 보호 측면에서 특별히 비과세해줄 필요가 있다. 이에 대해 '소득세법' 제89조 제4항에서 다음과 같이 2가지에 대해 비과세를 적용한다.

① 1조합원입주권만 있는 경우 → 관리처분인가일과 철거일 중 빠른 날 현재 2년 이상 보유(거주)한 주택일 것
② 1조합원입주권과 1주택이 있는 경우 → 위의 요건+1주택을 취득한 날로부터 3년 이내에 1조합원입주권을 양도할 것

여기서 주의할 것은 위의 2가지 형태를 제외하고는 조합원입주권에 대해서는 비과세가 적용되지 않는다는 것이다. 예를 들어, 2주택 보유 중 1채가 조합원입주권으로 변환되거나 원조합원이 조합원입주권을 2개 이상 보유한 경우가 그렇다. 전자의 경우, 종전주택의 연장으로 보기 때문이다. 한편 후자는 비과세 취지에 어긋나기 때문이다(서면 부동산 2017-2005, 2017.12.28).[38]

---

38) 주택임대사업자의 거주주택이 조합원입주권으로 변환된 상태에서는 소령 제155조 제20항에 따른 거주주택 비과세가 적용되지 않는 것도 모두 이러한 취지와 관계가 있다. 이에 대한 자세한 내용은 제7장에서 다룬다.

❷ 주택에 대한 양도세 비과세

조합원입주권을 포함해 주택을 보유 중에 조합원입주권이 아닌 주택을 양도할 때의 비과세는 다음과 같이 딱 3가지 유형이 있다.

1) 주택 보유 중에 조합원입주권을 유상취득한 경우

1주택을 보유하고 있는 상태에서 조합원입주권을 유상취득한 경우에는 주택에 대해 다음과 같이 2가지 방법으로 비과세를 적용한다.

① 1주택+1(승계)조합원입주권

입주권 취득일로부터 3년 이내에 1주택 양도 시 비과세를 적용한다(소령 156조2③).

② 1주택+1(승계)조합원입주권

입주권 취득일로부터 3년 후에 1주택 양도 시에는 완공주택으로 이사하고 준공일로부터 3년 이내에 1주택을 양도하면 비과세를 적용한다(추가 요건 있음. 소령 156조2④[39]).

---

39) 이는 아래를 말한다.
④ 국내에 1주택을 소유한 1세대가 그 주택(이하 이 항에서 "종전주택"이라 한다)을 양도하기 전에 조합원입주권을 취득함으로써 일시적으로 1주택과 1조합원입주권을 소유하게 된 경우 종전주택을 취득한 날부터 1년이 지난 후에 조합원입주권을 취득하고 그 조합원입주권을 취득한 날부터 3년이 지나 종전주택을 양도하는 경우로서 다음 각 호의 요건을 모두 갖춘 때에는 이를 1세대 1주택으로 보아 제154조 제1항을 적용한다.
1. 재개발 사업, 재건축 사업 또는 소규모재건축 사업 등의 관리처분계획 등에 따라 취득하는 주택이 완성된 후 3년 이내에 그 주택으로 세대 전원이 이사하여 1년 이상 계속하여 거주할 것
2. 재개발 사업, 재건축 사업 또는 소규모재건축 사업 등의 관리처분계획 등에 따라 취득하는 주택이 완성되기 전 또는 완성된 후 3년 이내에 종전의 주택을 양도할 것

🔎 이 외의 형태는 일시적 2주택 비과세가 가능하지 않다. 예를 들어, 1조합원입주권을 먼저 유상취득하고 주택을 나중에 취득하는 경우가 그렇다. 그 이유는 다음과 같다.

- 3년 이내에 승계조합원입주권을 먼저 양도하더라도 주택으로서의 보유기간이 없기 때문에 비과세가 성립하지 않는다.
- 조합원입주권을 보유한 상태에서 취득한 주택을 먼저 처분해도 비과세가 성립되지 않는다. 조합원입주권도 주택 수에 포함되는데, 나중에 취득한 주택을 먼저 양도하면 비과세 요건을 충족하지 않기 때문이다.
- 조합원입주권이 주택으로 완공된 날부터 3년 이내에 1주택을 처분하더라도 비과세를 받을 수 없다. 이에 대해서는 비과세를 해주는 규정이 없기 때문이다.

※ 양도, 기획재정부 재산세제과-37, 2020.1.14

1세대가 '소득세법' 제89조 제2항 본문 규정에 따른 A조합원입주권을 승계 취득한 후에 B주택을 취득한 경우로서, A조합원입주권이 주택으로 완공된 이후 B주택을 양도하는 경우에는 같은 법 시행령 제155조 제1항에 따른 일시적 2주택 비과세 특례에 해당하지 않는 것임.

2) 사업시행 중 취득한 대체주택에 대한 양도세 비과세

1주택 보유자가 사업시행인가일 후에 취득한 대체주택(임시 거주용 주택)에 대해 비과세가 가능하다. 다만, 이때 대체주택에서 1년 이상 거주하고 재건축주택이 완공된 날로부터 3년 이내 대체주택을 양도해야 하는 등의 요건이 추가된다.

🔎 참고로 위의 대체주택 비과세 특례는 원조합원에게 적용되는 제도에 해당한다.

3) 상속이나 동거봉양·혼인 등에 의한 비과세 특례

1주택 보유 중에 상속 등에 의해 주택을 취득하면 2주택이 될 수 있다. 이에 소령 제155조 제2항 등에서는 상속주택에 대한 특례제도를 두고 있다. 즉 상속 당시 보유한 1주택에 대해서는 1세대 1주택으로 보아 비과세를 해준다. 마찬가지로 상속받은 것이 주택이 아닌 조합원입주권인 경우에도 소령 제156조2(주택분양권은 제156조의3)에서 같은 원리로 보유한 주택에 대해 비과세를 적용한다.

구분		비과세 대상	비과세 요건	근거
원조합원	1조합원 입주권	조합원입주권	관리처분인가일(철거일) 현재 2년 보유(거주)	소법 89①4가
	1조합원 입주권+주택	조합원입주권	위+주택 취득일로부터 3년 이내에 조합원입주권 양도	소법 89①4나
	사업시행 중 대체주택	주택	사업시행인가일 현재 1주택 보유+대체주택 1년 거주+3년 이내 대체주택 양도	소령 156의2⑤
승계 조합원	1주택+ 1조합원 입주권	주택	1주택 보유 중 1년 이후 조합원입주권 취득, 3년 이내 주택 양도	소령 156의2 ③
		주택	위에 대한 특례 : 완공 후 3년 이내에 양도(기타 이주 및 거주요건 있음)	소령 156의2 ④
비과세 특례		주택	상속·동거봉양·혼인 등에 의해 조합원입주권 보유 시 특례주택에 대해 양도세 비과세 적용	소령 제156의2 ⑥ 등

Tip 조합원입주권이 있는 경우의 양도세 비과세 요약 »

2

원조합원의 1조합원입주권
비과세 사례

앞에서 살펴본 내용을 바탕으로 조합원입주권을 보유한 경우에 어떤 식으로 양도세 비과세가 적용되는지 하나씩 살펴보자. 먼저 조합원입주권에 대한 양도세 비과세부터 알아보자. 조합원입주권에 대해 비과세가 적용되기 위해서는 원조합원이 보유한 조합원입주권이 되어야한다.

❶ 규정 분석

조합원입주권은 실제 주택이 아니므로 원래 양도세 비과세를 적용하면 안 된다. 하지만 세법은 관리처분인가일 기준 2년 이상 보유한 주택이 조합원입주권이 된 경우, 이를 주택으로 취급해서 비과세를 적용하고 있다. '소득세법' 제89조 제1항 제4호에 다음과 같이 규정되어 있다.

4. 조합원입주권을 1개 보유한 1세대['도정법' 제74조에 따른 관리처분계획의 인가일 및 '소규모주택법' 제29조에 따른 사업시행인가일(인가일 전에 기존주택이 철거되는 때에는 기존주택의 철거일) 현재 제3호 가목에 해당하는 기존주택을 소유하는 세대]가 다음 각 목의 어느 하나의 요건을 충족하여 양도하는 경우, 해당 조합원입주권을 양도하여 발생하는 소득. 다만, 해당 조합원입주권의 양도 당시 실지거래가액이 12억 원을 초과하는 경우에는 양도세를 과세한다(2021.12.08 단서개정).
  가. 양도일 현재 다른 주택 또는 주택분양권을 보유하지 아니할 것(2021.12.08 개정)
  나. 양도일 현재 1조합원입주권 외에 1주택을 보유한 경우(주택분양권을 보유하지 아니하는 경우로 한정한다)로서 해당 1주택을 취득한 날부터 3년 이내에 해당 조합원입주권을 양도할 것(3년 이내에 양도하지 못하는 경우로서 대통령령으로 정하는 사유에 해당하는 경우를 포함한다)(2021.12.08 개정)

위의 내용 중 가목에 관한 내용만 살펴보자. 나목은 바로 아래에서 별도로 분석한다.

첫째, 1조합원입주권 외에 다른 주택이나 주택분양권이 없어야 한다. 이 경우에는 다른 규정이 적용되기 때문이다. 여기서 주택분양권도 주택 수에 포함되는데, 법이 뒤늦게 개정되어 2022년 이후 취득분부터 적용된다.[40]

둘째, 관리처분인가일 또는 철거일 중 빠른 날 현재 2년 보유*한 주택을 소유하고 있어야 한다.

* 2017년 8월 3일 이후 조정지역 내의 취득분은 2년 거주요건이 추가된다.

셋째, 조합원입주권의 양도가액이 12억 원을 초과하면 양도세를 과세한다. 물론 양도차익 중 일부는 비과세한다.

---

40) 따라서 2021년에 조합원입주권과 주택분양권을 보유하고 있는 경우 주택분양권은 없는 것으로 보고 조합원입주권에 대한 비과세 규정이 적용된다. 이와 관련된 상세한 내용은 131페이지를 참조하기 바란다.

☞ 조합원입주권의 양도가액이 12억 원을 초과하는 경우의 과세 방법은 뒤에서 별도로 살펴본다.

② 적용 사례

사례를 통해 앞의 내용을 확인해보자.

자료 >>

- 2000년대 2억 원에 취득한 주택이 최근 재건축에 들어갔음.
- 해당 주택의 평가액 즉 권리가액은 10억 원이며, 조합원분양가는 12억 원임(추가부담금, 즉 납부한 청산금은 3억 원임).
- 기타의 사항은 무시함.

Q1 위 조합원의 조합원입주권은 양도할 수 있는가?

이에 대해서는 '도정법' 제39조에서 규정하고 있는 권리의 양도에 관한 내용을 검토해야 한다(부록 참조). 여기에서는 1세대 1주택으로 10년 이상 보유하고 5년(소규모주택법은 5년 보유, 3년 거주) 이상 거주한 경우, 해당 조합원입주권은 양도할 수 있도록 하고 있다.

Q2 위의 조합원입주권을 12억 원에 양도 시 양도세 비과세가 가능한가?

그렇다. '소득세법' 제89조 제1항 제4호에서는 관리처분인가일 등을 기준으로 2년 이상 보유(거주)한 1조합원입주권에 대해 비과세를 적용하고 있기 때문이다. 참고로 1조합원입주권의 양도가액이 12억 원 이하가 되는 경우에는 양도차익 전액에 대해 비과세가 적용되므로 양도세를 계산할 필요가 없다.

Q3 앞의 조합원입주권을 15억 원에 양도 시 양도세 비과세가 가능한가?

가능하다. 다만, 12억 원을 초과하는 조합원입주권 양도차익에 대해서는 일부 양도차익에 대해 과세가 된다. 이때 조합원입주권에 대한 양도세 계산구조는 다음과 같다.

※ 청산금을 납부한 경우의 조합원입주권 양도세 계산구조

구분	금액		
	관리처분인가일 전	관리처분인가일 후	계
양도가액	평가액(①*)	양도가액	
− 필요경비 취득가액 기타필요경비	당초 취득가액	평가액(①)+납부 청산금	
= 양도차익			
− 장특공제	취득일~관리처분인가일	적용배제	
= 양도소득금액			
− 기본공제			
= 과세표준			
× 세율			
− 누진공제			
= 산출세액			

* 평가액은 기존건물에 대한 평가액으로 권리가액 등으로 불린다. 이에 대한 계산 방법은 부록을 참조하기 바란다.

앞의 계산구조에서 전체 조합원입주권의 양도차익을 관리처분인가일의 전과 후로 구분한 이유는 장특공제가 실제 부동산을 보유한 경우에만 적용되기 때문이다.

🈸 조합원입주권과 청산금 등에 대한 양도세 계산 사례는 제5장에서
살펴보자.

Q4 위의 입주권 외에 2021년에 취득한 분양권이 있다고 하자. 이 경
우 입주권 비과세는 가능한가?

원래 입주권과 분양권이 있는 경우 입주권에 대한 비과세는 적용되
지 않는다. 그런데 이 규정은 2022년 이후에 취득한 입주권과 분양권
을 보유한 경우에 대해서만 적용된다(소득세법부칙 제185789 참조). 따라서
사례의 분양권은 2021년에 취득된 것이므로 사례의 입주권은 비과세
가 가능하다.

Q5 사례의 입주권과 분양권은 모두 2023년 7월에 취득된 것이라고
하자. 이 경우 입주권에 대해 비과세가 가능한가?

그렇지 않다. 입주권이 비과세되기 위해서는 주택분양권이 없거나
1주택을 보유하고 있어야 한다. 따라서 사례의 경우 이와 무관하므로
입주권에 대한 비과세가 성립하지 않는다(좀더 구체적인 내용은 저자가 운영하
고 있는 카페에서 확인하기 바란다).

Tip ▷ 2주택 중 1채가 재건축에 들어간 경우의 비과세　　　　　　　**»**

2주택 보유 중에 1채가 재건축 등에 들어가면 조합원입주권으로 변하게 된다. 이 경
우, 주택이 완공되면 일시적 2주택 비과세를 받을 수 있을까? 그렇지 않다. 이는 종
전주택의 연장으로 보기 때문이다. 세법은 앞에서 본 비과세 규정을 제외하고는 별
도의 특례를 마련하고 있지 않고 있다.

• **소득세 집행기준 104-167의5-2 [2주택자의 1주택을 재건축해서 양도한 경우]**
　2주택을 소유한 1세대가 1주택을 재건축해서 준공 후 기존주택을 양도하는 경우
　재건축한 주택은 종전주택의 연장으로 보는 것이므로 1세대 2주택자에 해당되어
　과세된다.

원조합원이 조합원입주권 보유 중 신규주택을 취득한 경우의 비과세 사례

원조합원이 1조합원입주권을 보유하다가 주택을 취득하면 2개의 주택을 보유하는 결과가 된다. 이렇게 되면 종전부터 보유하고 있는 조합원입주권에 대한 비과세 요건이 바뀌게 된다. 이하에서 이에 대해 알아보자.

❶ 규정 분석

앞에서 본 '소득세법' 제89조 제1항 제4호 나목에서는 이러한 상황을 염두에 두고 다음의 요건을 충족한 원조합원의 조합원입주권에 대해 비과세를 적용한다. 이는 마치 실제 일시적 2주택이 있는 상황과 유사하게 비과세를 적용하나 요건 중 일부에서 차이가 난다.

> 나. 양도일 현재 1조합원입주권 외에 1주택을 보유한 경우(주택분양권을 보유하지 아니
> 하는 경우로 한정한다)로서 해당 1주택을 취득한 날부터 3년 이내에 해당 조합원입
> 주권을 양도할 것(3년 이내에 양도하지 못하는 경우로서 대통령령으로 정하는 사유에 해
> 당하는 경우를 포함한다)(2021.12.08. 개정)

앞의 내용을 조금 더 살펴보자.

첫째, 1조합원입주권 외에 1주택을 보유한 경우에 적용되는 규정이
다. 이때 주택 수에 포함되는 주택분양권(단, 부칙에 따라 2022년 취득분을 말
함. 131페이지 참조)이 없어야 한다.

둘째, 1주택을 취득한 날로부터 조합원입주권을 3년 이내에 양도해
야 한다.

참고로 조합원입주권을 3년 이내에 양도하지 못할 때, 다른 주택을
취득한 날부터 3년이 되는 날 현재 아래 각주에 해당하는 경우 예외적
으로 이를 인정한다.[41]

---

41) 1. '한국자산관리공사 설립 등에 관한 법률'에 따른 한국자산관리공사에 매각을 의뢰한 경우
   2. 법원에 경매를 신청한 경우
   3. '국세징수법'에 따른 공매가 진행 중인 경우
   4. 재개발 사업 등에 따라 현금으로 청산을 받아야 하는 토지 등 소유자가 사업시행자를 상대로 제
     기한 현금청산금 지급을 구하는 소송절차가 진행 중인 경우 또는 소송절차는 종료되었으나 해당
     청산금을 지급받지 못한 경우
   5. 재개발 사업 등에 따라 사업시행자가 토지 등 소유자를 상대로 신청·제기한 수용재결 또는 매도
     청구소송 절차가 진행 중인 경우 또는 재결이나 소송절차는 종료되었으나 토지 등 소유자가 해
     당 매도대금 등을 지급받지 못한 경우

셋째, 조합원입주권에 대한 일시적 2주택 비과세 규정에서는 "조합원입주권"과 "주택" 사이의 취득기간이 "1년" 이상이어야 한다는 요건은 적용되지 않는다.[42]

❷ 적용 사례

K씨는 현재 오래된 주택이 재건축에 들어가 1조합원입주권을 보유 중에 있다. 다음의 물음에 답해보자.

자료 >>

• 1조합원입주권(A)

Q1 조합원입주권 보유 중에 주택(B)을 취득하면 일시적 2주택이 될 수 있다. 이 경우 조합원입주권을 양도하면 비과세를 받을 수 있을까?

이 경우 '소득세법' 제89조 제4항 나목에 따라 비과세를 받을 수 있다. 다만, 이때는 다음의 요건을 충족해야 한다.

• 조합원입주권 외에 1주택(주택분양권 제외)만 보유할 것
• 신규주택 취득일로부터 3년 이내에 조합원입주권을 양도할 것

❻ 참고로 신규주택(B)의 취득시점에 대해서는 특별한 제한이 없다. 앞의 규정을 참조하기 바란다.

---

42) 이에 반해 소령 제156조2에 따른 승계조합원의 보유주택에 대한 일시적 2주택 규정에서는 "1년" 이후의 취득요건이 있다.

Q2 만일 조합원입주권을 해당 주택(B)을 취득한 날부터 3년 후에 양도하면 비과세가 적용되지 않는가?

원칙적으로 그렇다. 다만, 3년이 경과한 경우로서 부득이한 사유(경매 신청 등)에 해당하면 예외적으로 이를 인정하는 경우가 있다.

Q3 Q2에서 조합원입주권이 주택으로 완성(A')된 후 주택(B)을 일시적 2주택으로 양도하면, 비과세를 받을 수 있을까?

이 경우, '소득세법' 제89조 제1항 제4호를 적용받을 수 없다. 이 규정은 조합원입주권에 대한 비과세 규정이기 때문이다. 따라서 주택에 대한 비과세 규정을 담고 있는 소령 제154나 제155조, 제156조의 2, 제156조의3 등을 검토해야 한다. 그런데 이러한 규정에서는 일시적 2주택의 원리로는 비과세를 받기가 힘들다. 일시적 2주택의 경우 종전주택(조합원입주권 포함)을 먼저 양도하는 경우에 비과세가 적용되는데, 사례의 경우에는 나중에 취득한 B주택을 먼저 양도하는 것이기 때문이다.

따라서 이에 대해 비과세가 적용되기 위해서는 별개의 비과세 특례 제도가 있어야 한다. 이에 소령 제156조의2 제5항에서는 사업시행 중 대체주택(B)을 취득하고 여기에서 거주한 경우, B를 먼저 양도해도 비과세를 받을 수 있도록 하고 있다. 물론 요건이 있다. 다음의 Q4에서 구체적으로 살펴보자.

Q4 만일 조합원입주권 외 B주택을 대체주택으로 해서 이곳에서 거주하면 비과세는 어떤 식으로 적용되는가?

이 경우에는 대체주택에서 1년 이상 거주하면 이 주택에 대해서 비과세가 적용된다. 다만, 다음과 같은 요건을 충족해야 한다.

- 사업시행인가일 기준 1세대 1주택을 보유할 것
- 사업시행인가일 후 대체주택을 취득할 것
- 대체주택에서 1년 이상 거주할 것
- 재건축 완공주택으로 3년 이내에 이사 가서 1년 이상 거주할 것
- 대체주택은 준공일로부터 3년 이내에 양도할 것

☞ 실무적으로 위의 요건과 관련해 다양한 쟁점들이 발생하고 있는 데 이에 대해서는 뒤에서 별도로 분석한다.

Tip │ 사업시행 중 대체주택 비과세 특례 ≫

재건축 등의 사업시행 중에 거주용 주택(대체주택)에 대한 비과세 적용 대상은 실수요자에 한한다. 이에는 아래와 같은 유형이 해당한다.

- 사업시행인가일 현재 1주택자
- 사업시행인가일 이후에 1주택을 취득한 무주택자(관리처분일 전까지 주택으로 취득해야 함)
- 사업시행인가일 현재 일시적 2주택자(종전주택은 대체주택 취득 전에 양도해야 함) 등

☞ 다주택자들은 사업시행인가일 전에 위와 같이 실수요자의 요건을 만든 후에 대체주택을 취득해야 이 규정을 적용받을 수 있다. 뒤의 해당 부분에서 자세히 정리한다.

1주택 보유 중 조합원입주권을 유상취득한 경우의 주택 비과세 사례

1주택(종전주택)을 보유 중에 1조합원입주권을 유상취득한 경우 2주택이 될 수 있다. 이 경우 일시적 2주택으로 주택을 양도하면 2가지의 형태로 비과세를 해주고 있다. 조합원입주권이 있는 상황에서 주택에 대한 비과세는 소령 제156조2 제3항과 제4항에서 정하고 있다. 이하에서 이들에 대해 알아보자.

❶ 3년 이내에 종전주택을 양도하는 경우

1주택을 소유 중에 조합원입주권을 취득(승계)해 일시적으로 1주택과 1조합원입주권을 보유할 수 있다. 이 경우에는 종전주택을 조합원입주권 취득일로부터 3년 이내에 양도하면 비과세를 받을 수 있다. 다만, 이를 위해서는 주택과 조합원입주권의 취득기간이 1년 이상이 되어야 한다(투자성이 짙은 경우에 이러한 요건이 붙는다).

③ 국내에 1주택을 소유한 1세대가 그 주택(이하 이 항에서 "종전주택"이라 한다)을 양도하기 전에 조합원입주권을 취득함으로써 일시적으로 1주택과 1조합원입주권을 소유하게 된 경우 종전주택을 취득한 날부터 1년 이상이 지난 후에 조합원입주권을 취득하고 그 조합원입주권을 취득한 날부터 3년 이내에 종전주택을 양도하는 경우(3년 이내에 양도하지 못하는 경우로서 기획재정부령으로 정하는 사유에 해당하는 경우를 포함한다)에는 이를 1세대 1주택으로 보아 제154조 제1항을 적용한다(2013. 2.15 후단신설).[43]

이는 전형적인 일시적 2주택 비과세 특례에 대한 내용에 해당한다. 사례를 통해 위의 내용을 확인해보자.

<사례>

자료 »

- 현재 1주택을 보유 중에 있음.
- 재개발 중에 있는 조합원입주권을 승계받았음.
- 주택과 조합원입주권의 취득 간극은 1년 이상이 되었음.

Q1 조합원입주권에 대해서는 비과세가 가능한가?

아니다. 승계조합원입주권은 비과세의 가능성이 없다. 이에 대해 비과세를 받으려면 완공이 되어야 하고, 1세대 1주택으로 2년 보유 등의 비과세 요건을 갖춰야 한다.

---

43) 이 경우 제154조 제1항 제1호, 제2호 가목 및 제3호에 해당하는 경우에는 종전주택을 취득한 날부터 1년 이상이 지난 후 조합원입주권을 취득하는 요건을 적용하지 아니한다. 앞의 제1호 등은 민간건설임대주택 5년 이상 거주, 수용이나 근무상 형편 등의 사유가 발생하면 2년 보유 및 거주요건을 적용하지 않는 경우를 말한다.

Q2 종전주택을 조합원입주권 취득일로부터 3년 이내에 양도하면 비과세가 가능한가?

그렇다. 이는 일시적 2주택 비과세원리를 적용한 것에 해당한다.

Q3 Q2에서 종전주택을 3년 이내에 양도하지 못하는 경우 비과세를 받을 수 없는가?

3년이 경과한 후라도 추가적인 요건을 갖추면 이에 대해 비과세를 적용한다. 이에 대해서는 다음에 나올 내용을 참조하자.

❷ 3년이 지나 종전주택을 양도하는 경우

1주택을 보유 중에 1조합원입주권을 취득한 경우 원래 3년 이내에 종전주택을 양도해야 비과세를 받을 수 있다. 하지만 완공된 주택으로 입주하기 전까지 종전주택에서 거주할 수도 있으므로 세법은 이에 대한 특례를 두고 있다. 이에 대해 소령 제156조의2 제4항에서 다음과 같이 정하고 있다.

④ 국내에 1주택을 소유한 1세대가 그 주택(이하 이 항에서 "종전주택"이라 한다)을 양도하기 전에 조합원입주권을 취득함으로써 일시적으로 1주택과 1조합원입주권을 소유하게 된 경우 종전주택을 취득한 날부터 1년이 지난 후에 조합원입주권을 취득하고 그 조합원입주권을 취득한 날부터 3년이 지나 종전주택을 양도하는 경우로서 다음 각 호의 요건을 모두 갖춘 때에는 이를 1세대 1주택으로 보아 제154조 제1항을 적용한다. 이 경우 제154조 제1항 제1호, 같은 항 제2호 가목 및 같은 항 제3호에 해당하는 경우에는 종전주택을 취득한 날부터 1년이 지난 후 조합원입

주권을 취득하는 요건을 적용하지 않는다(2022.2.15. 개정).[44]
1. 재개발 사업, 재건축 사업 또는 소규모재건축 사업 등의 관리처분계획 등에 따라 취득하는 주택이 완성된 후 3년 이내에 그 주택으로 세대 전원이 이사(기획재정부령이 정하는 취학, 근무상의 형편, 질병의 요양 그 밖의 부득이한 사유로 세대의 구성원 중 일부가 이사하지 못하는 경우를 포함한다)하여 1년 이상 계속하여 거주할 것(2023.02.28. 개정)
2. 재개발 사업, 재건축 사업 또는 소규모재건축 사업 등의 관리처분계획 등에 따라 취득하는 주택이 완성되기 전 또는 완성된 후 3년 이내에 종전의 주택을 양도할 것(2023.02.28. 개정)

이처럼 일시적 2주택 처분기한인 3년을 넘긴 경우라도 재건축 사업 등의 특성을 고려해 일정한 조건을 붙여 비과세 특례를 부여하고 있다.

<사례>

K씨는 다음과 같은 조합원입주권과 주택을 보유하고 있다. 다음의 질문에 답해보자.

자료 >>

• A주택 취득 : 2021.1.1.
• B조합원입주권 취득 : 2023.5.30.

Q1 K씨는 몇 주택자에 해당하는가?

'도정법'을 적용받는 조합원입주권도 1주택에 해당한다. 따라서 사

---

44) 소령 제156조의2 제4항에 따른 조합원입주권 취득시점은 종전주택 취득일로부터 1년이 되어야 한다는 요건은 2022년 2월 15일부터 적용된다(입법 미비사항). 이 조항의 제3항은 종전부터 적용된다. 둘 간에 차이가 있음에 유의해야 한다.

례의 경우 K씨는 1세대 2주택자에 해당한다.

Q2 왜 조합원입주권을 주택 수에 포함하는가?

조합원입주권을 주택 수에 포함하면 다른 주택을 양도할 때 비과세 등이 부인되므로 공평과세를 제고하고 세수를 확보할 수 있게 된다. 사례의 경우, A조합원입주권을 주택 수에 포함하지 않으면 B주택은 1세대 1주택에 해당되어 조합원입주권과 관계없이 비과세 적용이 가능해진다.

Q3 K씨는 A주택을 언제까지 양도하면 비과세를 받을 수 있는가?

일시적 2주택에 대한 비과세 규정을 적용하면 된다. 따라서 조합원입주권을 취득한 날로부터 3년 이내에 처분하면 비과세를 적용받을 수 있다.

Q4 K씨가 A주택을 B조합원입주권의 취득일로부터 3년 이내에 양도하지 못하면 비과세를 받을 수 있는 길은 없는가?

아니다. 이때는 다음과 같은 조건을 충족하면 비과세를 적용한다.

① 종전주택(A주택)은 양도 당시에 비과세 요건을 갖춰야 한다.

② 재건축주택 완공 전 또는 완공 후 3년 이내에 종전주택을 양도해야 한다.

③ 재건축 완공 후 3년 이내에 재건축주택으로 세대 전원이 이사하고 그 주택에서 1년 이상을 계속 거주해야 한다.

결국 앞의 그림 중 ⓐ~ⓒ 구간 내 양도 시 비과세를 받을 수 있게 된다. 이렇게 비과세를 적용하는 이유는 재건축 중에 거주할 주택이 필요하기 때문이다. 따라서 사례의 경우 완공 후 3년 이내까지 A주택을 양도해도 비과세를 적용받을 수 있다.

Q5 Q4에서 B조합원입주권에 의한 주택이 완공되기 전에 A주택을 양도해도 비과세가 가능한가?

그렇다. 소령 제156조의2 제4항 제2호에서는 "주택이 완성되기 전"에 처분해도 비과세를 적용해주고 있다.

---

2. 재개발 사업, 재건축 사업 또는 소규모재건축 사업의 관리처분계획 등에 따라 취득하는 주택이 <u>완성되기 전</u> 또는 완성된 후 3년 이내에 종전주택을 양도할 것

Tip 2주택 중 신규주택이 조합원입주권으로 변환된 경우 일시적 2주택 양도세 비과세 가능 여부 ≫

원래 1주택 보유 중에 신규주택을 취득하면 일시적 2주택이 성립한다. 그런데 신규주택이 재건축 등에 들어가 조합원입주권이 된 경우 종전주택에 대해 일시적 2주택이 성립하는지의 여부가 쟁점이 된다. 이에 과세관청은 해석을 통해 신규주택을 취득한 날로부터 3년 이내에 종전주택을 양도하면 비과세를 적용해주고 있다(서면-2019-부동산-1050, 2019. 5.27.). 원래 종전주택과 원조합원의 입주권을 순차적으로 보유 시 종전주택은 비과세를 적용하지 않지만, 신규주택이 조합원입주권으로 변환된 것은 부득이하므로 특별히 비과세를 허용하는 것으로 판단된다.

Tip 일시적 2주택 양도세 비과세에서 주의해야 할 신규주택의 취득시기 »

일시적 2주택에서 종전주택에 대한 비과세를 위한 요건 중 신규주택의 취득시기가 종전주택의 취득일로부터 "1년 이상"이어야 한다는 것이 있다. 그런데 이 규정이 적용되는 것과 적용되지 않는 것, 그리고 적용 시기에서 차이가 있어 주의를 요한다. 이하에서 표로 정리해보자.

구분		일시적 2주택 적용 규정	1년 이후 신규주택 취득요건 적용 여부	적용 시기
종전주택 등 (비과세 대상)	신규주택 등			
주택	주택	소령 155①	○	2012.6.29
조합원입주권	주택	소법 89①4나목	×	–
주택	조합원입주권 (3년 이내)	소령 156조의2 ③	○	2012.6.29
	조합원입주권 (3년 후)	소령 제156조의2 ④	○	2022.2.15
주택	주택분양권 (3년 이내)	소령 156조의3 ②	○	2021.2.17
	주택분양권 (3년 후)	소령 제156조의3 ③	○	2022.2.15
주택 (재건축 예정 주택)	대체주택	소령 제156조의2 ⑤	×	–

사업시행 중 취득한 대체주택 비과세 사례

재건축이나 재개발 또는 소규모주택정비 사업시행기간 동안 거주용으로 주택(이를 '대체주택'이라고 함)을 매수하는 경우가 있다. 이에 세법은 대체주택에 대해 비과세 특례를 주는데, 이와 관련해서 소령 제156조의2 제5항에서 별도로 규정하고 있다. 이하에서는 이 제도에 대해 상세히 알아보자.

❶ 규정 분석

원래 비과세는 1조합원입주권이나 일시적 2주택에 해당하는 경우에 비과세를 적용하지만, 다음의 규정은 재건축 진행 중 거주지원을 위해 특별히 마련한 제도에 해당한다.

⑤ 국내에 1주택을 소유한 1세대가 그 주택에 대한 재개발 사업, 재건축 사업 또는 소규모재건축 사업의 시행기간 동안 거주하기 위하여 다른 주택(이하 "대체주택"이라 한다)을 취득한 경우로서 다음 각 호의 요건을 모두 갖추어 대체주택을 양도하는 때에는 이를 1세대 1주택으로 보아 제154조 제1항을 적용한다. 이 경우 제154조 제1항의 보유기간 및 거주기간의 제한을 받지 아니한다.
  1. 재개발 사업, 재건축 사업 또는 소규모재건축 사업의 사업시행인가일 이후 대체주택을 취득하여 1년 이상 거주할 것
  2. 재개발 사업, 재건축 사업 또는 소규모재건축 사업의 관리처분계획 등에 따라 취득하는 주택이 완성된 후 3년 이내에 그 주택으로 세대 전원이 이사(기획재정부령으로 정하는 취학, 근무상의 형편, 질병의 요양, 그 밖에 부득이한 사유로 세대원 중 일부가 이사하지 못하는 경우를 포함한다)하여 1년 이상 계속하여 거주할 것[45]
  3. 재개발 사업, 재건축 사업 또는 소규모재건축 사업의 관리처분계획 등에 따라 취득하는 주택이 완성되기 전 또는 완성된 후 3년 이내에 대체주택을 양도할 것

위는 재개발 사업 등의 과정에서 대체주택을 취득한 경우, 이에 대한 양도세 비과세 특례를 의미한다. 이를 좀 더 세부적으로 살펴보자.

첫째, 국내에 1주택을 소유한 1세대가 그 주택에 대한 재개발 사업 등의 시행기간 동안에 거주하기 위해 다른 주택(대체주택)을 취득한 경우에 해당되어야 한다.

여기에서 "1주택"은 재건축 대상 주택을 말하므로 승계조합원에게는 이 규정이 적용되지 않는다. 참고로 1주택 소유를 어느 시점으로 산정하는지의 여부가 쟁점이 될 수 있다. 그런데 해당 규정에서는 이에 대해 특별히 정한 바가 없다. 다만, 1주택 보유자가 사업시행인가일 이후

---

45) 다만, 주택이 완성된 후 2년 이내에 취학 또는 근무상의 형편으로 1년 이상 계속해서 국외에 거주할 필요가 있어 세대 전원이 출국하는 경우에는 출국 사유가 해소(출국한 후 3년 이내에 해소되는 경우만 해당한다)되어 입국한 후 1년 이상 계속해서 거주해야 한다.

에 거주용 대체주택을 취득해야 하므로 이날을 기준으로 주택 수를 따지는 것이 타당해 보인다(무주택자는 사업시행인가일에 0주택이므로 이날 이후부터 관리처분인가일 사이에 1주택을 취득하면 1주택 보유자가 되어 적용대상이 된다). 한편 사업시행인가일(사업시행인가 후 취득한 경우에는 그 취득일. 부동산거래관리과-762) 기준으로 2주택을 소유 중에는 해당 규정을 적용받을 수 없다(부동산거래관리과-213, 2010. 2. 8. 등). 다만, 다음과 같은 경우에는 예외적으로 이 규정을 적용받을 수 있다. 구체적인 내용은 바로 뒤에서 살펴보자.

- 일시적 2주택(부동산 거래관리과-762, 2010.6.3. 등)
- 감면주택(서면법령해석재산2019-2449, 2020.12.30. 등)

둘째, 사업시행인가일 후 대체주택을 취득하고 그곳에서 1년 이상 거주해야 한다.

'도정법'상 사업시행인가일 전에 대체주택을 취득한 경우에 이 규정을 적용받을 수 없다. 2주택자가 되기 때문이다. 참고로 이 규정에서는 종전주택 취득일로부터 1년 이후에 대체주택을 취득해야 하는 요건은 적용하지 않는다(143페이지 참조).

셋째, 주택이 완성된 후 3년 이내에 그 주택으로 세대 전원이 이사해 그곳에서 1년 이상 계속해 거주해야 한다.

넷째, 대체주택은 재개발 사업 등으로 주택이 완성되기 전 또는 완성된 후 3년 이내에 양도해야 한다.

참고로 대체주택에 대한 비과세를 받을 때 주택이 완성되기 전에 양도해도 된다.

❷ 적용 사례

사례를 통해 앞의 내용을 확인해보자.

자료 >>

- 현재 1세대 1주택자임(10년 보유).
- 조만간 재건축 사업시행인가를 받을 예정임.

Q1 이 주택을 양도하면 비과세를 받을 수 있을까?

1세대 1주택이고 2년 이상 보유한 것이므로 비과세를 받을 수 있다.

Q2 사업시행 전에 신규주택을 취득하면 2주택이 된다. 이 경우, 어떤 식으로 비과세를 받아야 하는가?

현재 보유 중인 주택을 비과세 처분기한(3년) 내에 양도해야 한다. 이는 일시적 2주택에 대한 비과세를 말한다.

Q3 현재 보유 중인 주택이 재건축에 의해 완공되면 이 주택에서 거주할 계획이다. 이 경우 어떻게 비과세를 받으면 될까?

양도일 현재 1세대 1주택을 유지하면 된다.

Q4 사업시행 중에 임시거처를 마련할 생각으로 주택을 취득하면 앞의 비과세조건은 달라질까?

일단 대체주택을 취득하게 되면 2주택이 된다. 따라서 이 상태에서 비과세를 받으려면 대체주택 취득일로부터 3년 이내에 현재 보유한 주택을 양도해야 한다. 하지만 이를 양도하면 완공주택으로 이사를 갈 수 없으므로 비과세를 받는 길이 원천봉쇄된다. 그래서 세법은 사업시행 중 거주용으로 취득한 대체주택에 대해 비과세를 적용하는 특례제도를 두고 있다.

Q5 Q4.에서 대체주택을 먼저 양도하면 완공주택은 비과세로 가능한가?

그렇다. 대체주택을 먼저 양도하면 완공주택이 1세대 1주택이 되기 때문이다. 이때 비과세 보유기간 등은 당초 취득일로부터 소급해 기산하므로 비과세를 받는 데 전혀 지장이 없다.

※ 소득세 집행기준 89-156의2-12 [분양받은 주택을 재건축주택 공사기간 중 거주한 대체주택으로 사용한 경우]

재개발 사업시행인가일 전에 분양받은 주택을 사업시행인가일 후에 취득해 대체주택의 실거주요건(소령 §156의2⑤)을 충족한 경우, 1세대 1주택 비과세 규정을 적용받을 수 있다.

Tip 원조합원들의 양도세 비과세 전략 »

① 조합원입주권만 있다면 관리처분인가일 기준 2년 보유를 했다면 비과세가 가능하다.

② 다른 주택을 취득한 날로부터 3년 이내에 조합원입주권을 양도해도 비과세를 받을 수 있다.

③ 다른 주택을 사업시행 중 거주하기 위한 "대체주택"으로 사용하고 해당 주택을 양도하면 비과세를 받을 수 있다. 이후 완공된 주택을 양도하면 1세대 1주택으로 비과세를 받을 수 있다.

사업시행 중 취득한
대체주택 비과세 쟁점 사례

원조합원이 사업시행 중에 마련한 "대체주택"은 이들에게 재테크 수단이 되는 경우가 많다. 재건축 중에 잠시 1년 이상 거주만 하면 양도세 비과세를 받을 수 있어 상당히 파격적인 제도에 해당하기 때문이다. 전세를 마련해 이사하는 사람들과의 형평성 차원에서 문제가 있지만, 아무튼 법은 이들에게 유리한 잣대를 적용하고 있다. 그런데 이 제도와 관련해 세무상 쟁점들이 다양하게 발생하고 있다. 이하에서 이에 대해 정리해보자.

첫째, 이 규정은 반드시 1주택만 유지한 경우에만 적용되는가?

소령 제156조의3 제5항의 서두를 보면 다음과 같은 문구가 보인다.

⑤ 국내에 1주택을 소유한 1세대가 그 주택에 대한 재개발 사업, 재건축 사업 또는 소규모재건축 사업 등의 시행기간 동안 거주하기 위하여 다른 주택(이하 이 항에서 "대체주택"이라 한다)을 취득한 경우…(중략)

이 문구만 보면 1세대가 1주택만 보유한 상태에서 그 주택이 재건축 등에 들어가야 하는 것으로 이해가 된다. 그렇다면 일시적 2주택 등의 경우에는 예외적으로 이 규정이 적용되지 않을까? 이에 대해 과세관청은 다음과 같은 예규 등을 두어 1주택이 아니더라도 이 규정을 적용하는 식으로 해석하고 있다.

※ 부동산 거래관리과-762, 2010.6.3

소령 제156조의2 제5항에 따른 비과세 특례는 재건축 대상주택 사업시행인가일(사업시행인가일 이후 취득한 경우 그 취득일) 현재 2주택 이상인 경우에는 적용되지 않는 것이나, 사업시행인가일 현재, 일시적 2주택에 해당하는 경우로서 대체주택 취득 전(재건축 대상 주택 취득한 날부터 2년* 이내)에 종전주택을 양도한 경우에는 해당 규정을 적용받을 수 있는 것임.

* 일시적 2주택 처분기한을 말한다.

🔖 이는 일시적 2주택 상황에서 대체주택 취득 전까지만 종전주택을 일시적 2주택으로 처분하면 1주택자로 봐준다는 것을 의미한다. 참고로 이 규정은 1주택자(무주택자가 1주택 취득한 경우 포함), 일시적 2주택자 등 주로 실수요자를 대상으로 적용된다. 따라서 다주택 보유자는 사업시행인가일 전에 1채로 만들어 두거나 일시적 2주택으로 만들어 두어야 이 규정을 적용받을 수 있다.

한편 다음과 같은 예규에서는 감면주택도 주택 수에서 제외하고 있다.

※ 서면법령해석재산2019-2449(2020.12.30)

재건축 대상 주택 취득 당시 '조특법' §99의2에 따른 감면주택을 보유한 경우, 소득령§156의2⑤ 따른 법정요건을 갖춘 대체주택에 대해서 1세대 1주택 특례 적용이 가능함.

둘째, 재건축 사업이 진행되는 중에 대체주택을 수회 양도하면 모두 비과세가 적용될까?

예를 들어 ① 대체주택을 취득해 1년 거주한 후 양도하고, ② 다른 대체주택을 취득해 1년 거주하고 양도하면 비과세가 모두 적용될까?

이에 대해 과세관청은 다음과 같은 해석을 통해 최종 거주한 주택 (②)에 대해서 양도세 비과세를 적용한다고 한다. 즉 1회만 비과세가 적용된다는 것이다.[46]

※ 양도, 재산세과-199, 2009.9.11.

> 국내에 1주택을 소유한 1세대가 그 주택에 대한 주택재개발 사업 또는 주택재건축 사업의 시행기간 동안 취득한 1주택(B주택)에서 1년 이상 거주하다가 양도하고 다른 주택(C주택)을 취득하여 양도한 경우, B주택은 위 "1"의 대체주택 비과세 특례가 적용되지 아니하며, 소령 제156조의2 제5항 각 호의 요건을 모두 갖추어 양도하는 C주택은 위 "1"의 대체주택 비과세 특례가 적용되는 것임.

셋째, 대체주택 외 다른 주택을 보유한 상태에서 대체주택을 양도해도 비과세가 가능할까?

사업시행 중에 취득한 대체주택 외의 주택을 보유한 상황에서 대체주택을 양도할 수 있다. 이러한 상황에서 소령 제156조의2 제5항에 따른 대체주택 비과세를 받을 수 있을까?

이에 대해 과세관청은 대체주택이 1채 있는 경우에만 이에 대해 비과세가 적용된다고 한다. 이는 조합원입주권과 대체주택, 그리고 다른 주택을 동시에 보유하고 있다면 주택 수가 3채가 되므로 대체주택에 대해 비과세를 적용할 이유가 없기 때문이다. 따라서 위의 규정에 따라 비과세를 적용받기 위해서는 조합원입주권 외 대체주택이 딱 하나만 있어야 할 것으로 보인다.

---

46) 저자는 왜 "1회"만 비과세 혜택이 주어지는지 이에 대한 근거가 불충분하다는 입장이다.

Q 대체주택에 대해서도 일시적 2주택 비과세가 가능할까?

그렇지 않다. 이 경우 조합원입주권을 포함해 주택 수가 3채 이상이 되기 때문이다(주의하기 바란다).

넷째, 재건축 사업시행기간 중에 취득한 대체주택이 멸실되어 조합원입주권이 된 경우 이에 대해서도 비과세가 적용될까?

아니다. 앞에서 살펴보았지만 조합원입주권에 대한 양도세 비과세는 '소득세법' 제89조 제1항 제4호에서 살펴본 2가지 유형에 대해서만 적용되기 때문이다. 아래 예규를 참조하기 바란다.

※ 서면인터넷방문상담5팀-918, 2006.11.22

주택재건축 사업시행기간 동안 거주하기 위해 대체주택을 취득한 후 당해 대체주택의 조합원입주권을 양도하는 경우에는 비과세 규정을 적용받을 수 없는 것임.

다섯째, 대체주택 비과세 신고는 어떻게 해야 하는가?

대체주택 비과세 특례를 적용받고자 하는 경우에는 '조합원입주권 소유자 1세대 1주택 특례적용신고서'를 양도세 과세표준 신고기한 내에 소령 제156조의2 제12항 각 호의 서류와 함께 제출해야 한다.

조합원입주권 상속 등과 비과세 특례[47]

주택 보유 중에 상속으로 조합원입주권을 취득한 상태에서 일반주택을 양도하거나 동거봉양이나 혼인에 의한 세대합가 시 조합원입주권으로 인해 주택 수가 증가하면 주택에 대한 비과세 판단에 어려움을 겪을 수 있다. 이하에서 이에 관한 내용을 간략히 정리해보자. 참고로 해당 관련 규정이 조금 복잡한 감이 있으므로 실무 적용 시에는 반드시 전문세무사를 통해 일처리를 하기 바란다.

1. 상속

1) 일반주택 + 상속조합원입주권

1주택 보유 중에 조합원입주권을 상속받으면 2주택이 될 수 있다. 이에 세법은 상속 불가피성의 이유를 들어 일반주택을 양도할 때는 1세대 1주택으로 보아 비과세를 적용해주고 있다. 아래는 소령 제156조의2 제6항에 해당한다.

> ⑥ 상속받은 조합원입주권과 그 밖의 주택을 국내에 각각 1개씩 소유하고 있는 1세대가 일반주택을 양도하는 경우에는 국내에 1개의 주택을 소유하고 있는 것으로 보아 제154조 제1항을 적용한다.

---

47) 상속 등에 따른 조합원입주권을 취득한 경우 비과세 특례는 조합원입주권이 아닌 일반주택에 대해 적용되는 점에 다시 한번 주의하기 바란다. 조합원입주권 양도에 따른 비과세는 '소득세법' 제89조 제1항 제4호에서 정한 2가지밖에 없다.

이 규정은 통상 1주택 보유 중에 부득이하게 상속으로 조합원입주권을 취득한 경우에 적용되는 비과세 특례제도에 해당한다. 이 규정은 상속으로 주택을 취득한 경우와 적용 원리가 같다.

※ 소득세 집행기준 89-156의2-13 [상속받은 조합원입주권과 1세대 1주택 비과세]

1주택을 소유한 1세대가 세대를 달리하는 피상속인으로부터 조합원입주권을 상속(상속개시 당시 주택을 소유하지 않은 경우의 1조합원입주권에 한함)받아 일반주택을 양도하는 경우에는 1주택을 소유한 것으로 보아 1세대 1주택 비과세 특례 규정이 적용된다.

※ 소득세 집행기준 89-156의2-15 [동거봉양합가 후 같은 세대원으로부터 상속받은 조합원입주권에 대한 비과세 특례]

상속개시일 현재 같은 세대원으로부터 상속받은 조합원입주권은 1세대 1주택 비과세 특례 규정이 적용되지 아니하나, 동거봉양 목적으로 합가한 후 같은 세대원으로부터 상속받은 조합원입주권은 1세대 1주택 비과세 특례 규정이 적용 가능하며, 2010.2.18 이후 일반주택을 양도하는 분부터 적용한다.

2) 일반주택 + 상속조합원입주권 + 일반조합원입주권

이와 같이 주택 등을 보유하고 있으면 3주택에 해당되어 일반주택에 대한 비과세가 적용되지 않는다. 이에 소령 제156조의2 제7항에서는 상속조합원입주권(선순위에 한함)을 제외한 일반주택과 일반조합원입주권을 보유한 것으로 보아 소령 제156조의2 제3항부터 제5항을 적용한다.[48]

---

48) 상속에 의해 조합원입주권이 추가된 경우, 이를 제외하고 소령 제156조의2의 제3항부터 제5항까지를 적용하겠다는 것을 의미한다.

- 제156조의2 제3항 : 일반주택+조합원입주권 승계취득 시 주택 3년 이내에 양도 시 비과세
- 제156조의2 제4항 : 위 3항에 대한 비과세 특례(3년 후 양도)
- 제156조의2 제5항 : 사업시행 중 대체주택 비과세 특례

※ 소득세 집행기준 89-156의2-14 [상속주택(상속받은 조합원입주권)과 조합원입주권을 보유한 경우 비과세 특례]

상속받은 주택 또는 상속받은 조합원입주권과 상속 외의 원인으로 취득한 주택 및 상속 외의 원인으로 취득한 조합원입주권을 국내에 각각 1개씩 소유하고 있는 1세대가 일반주택을 양도하는 경우에는 국내에 일반주택과 상속 외의 원인으로 취득한 조합원입주권을 소유하고 있는 것으로 보아 소령 제156조의2 제3항 내지 제5항을 적용한다.

2. 동거봉양·혼인

동거봉양 또는 혼인으로 세대를 합침으로써 1세대가 1주택과 1조합원입주권 등을 보유하는 경우로서 10년(혼인은 5년) 이내에 일반주택을 양도하는 경우, 1세대 1주택으로 보아 제154조 제1항(1세대 1주택 비과세)을 적용한다.

동거봉양이나 혼인으로 세대를 합가하면 주택 수가 늘어날 가능성이 크다. 이에 세법은 당초 1세대 상태에서 비과세 가능한 경우(1세대 1주택 비과세 또는 승계조합원입주권 보유 시 일시적 2주택, 사업시행 중 대체주택 비과세)에는 세대합가로 주택 수가 늘어나도 이에

대해서는 비과세를 적용한다. 실무에서는 다음과 같은 원리에 따라 주택에 대한 비과세를 판단하면 될 것으로 보인다.

※ 소득세 집행기준 89-156의2-17 [조합원입주권을 소유한 상태에서 동거봉양·혼인 합가 시 비과세 특례]

1세대	1세대	합가 후	비과세 판단 (아래 판단절차 참조)
1조합원입주권*	1주택 + 1조합원입주권	1주택 + 2조합원입주권	②
1주택	1주택 + 1조합원입주권	2주택 + 1조합원입주권	①, ②
1주택 + 1조합원입주권	1조합원입주권	1주택 + 2조합원입주권	②
1주택 + 1조합원입주권	1주택	2주택 + 1조합원입주권	①, ②
1주택 + 1조합원입주권	1주택 + 1조합원입주권	2주택 + 2조합원입주권	②

* 2021.2.17 이후부터는 주택분양권을 포함해 이 규정을 적용한다.

[주택 양도에 따른 비과세 판단 절차]

① 합가 전 1주택만을 소유한 세대의 주택을 먼저 양도한 경우

합가일부터 5년 이내 주택 양도 시 비과세 가능

② 합가 전 1주택과 1조합원입주권을 소유한 세대의 주택을 먼저 양도한 경우

```
                              ▼
┌─────────────────────────────────────────────────────────────┐
│   가. 주택을 양도한 세대가 최초로 취득한 조합원입주권을 소유한 경우    │
└─────────────────────────────────────────────────────────────┘
                              ▼
┌─────────────────────────────────────────────────────────────┐
│            양도한 주택이 사업시행인가일 후 거주를 위해 취득한          │
│        대체주택으로서 1년 이상 거주한 주택인 경우 비과세 가능         │
└─────────────────────────────────────────────────────────────┘

┌─────────────────────────────────────────────────────────────┐
│   나. 주택을 양도한 세대가 유상취득한 조합원입주권을 소유한 경우      │
└─────────────────────────────────────────────────────────────┘
                              ▼
┌─────────────────────────────────────────────────────────────┐
│        양도주택을 취득한 이후 조합원입주권을 취득한 경우 비과세 가능   │
└─────────────────────────────────────────────────────────────┘
```

3. 농어촌주택 등

원래 세법상 농어촌주택과 일반주택이 있는 상태에서 일반주택을 양도하면 비과세하는 것이 원칙이다. 이때 농어촌주택은 크게 다음과 같이 구분된다(소령 제155조 제7항).

- 귀농주택(영농(營農) 또는 영어(營漁) 목적으로 취득한 주택)
- 이농주택(취득일 후 5년 이상 거주한 사실이 있는 이농주택)
- 상속주택(피상속인이 취득 후 5년 이상 거주한 주택)

그런데 앞과 같은 농어촌주택을 보유한 상태에서 조합원입주권을 보유하고 있는 경우로서 조합원입주권에 대해서는 비과세가 적용될 가능성이 희박하다. 농어촌주택에 대한 비과세 특례는 조합원입주권이 아닌 "실제 주택"에 대해 적용되기 때문이다.

다만, 소령 제156조의2 제11항에서는 이 중 이농주택과 일반주택 및 조합원입주권을 국내에 각각 1개씩 소유하고 있는 1세대가 일반주택을 양도하는 경우에는 국내에 일반주택과 조합원입주권을 소유하고 있는 것으로 보아 소령 제156조의2 제3항 내지 제5항의 규정을 적용한다고 하고 있다. 즉, 이 경우에만 주택 수에서 제외해 앞의 규정에 따른 일반주택에 대해 비과세를 받을 수 있도록 하고 있다.

완공주택 양도세 비과세 적용법

원조합원이 보유한 조합원입주권이 주택으로 완성되었다고 하자. 이후 해당 주택에 대한 양도세 비과세는 어떤 식으로 적용하는지 등에 대해 알아보자.

1. 이전고시일 전에 양도하는 경우

이 경우에는 조합원입주권으로 본다. 따라서 조합원입주권에 대한 양도세 비과세 규정이 적용된다.

2. 이전고시일 이후부터 등기 전에 양도하는 경우

등기가 가능한 상태에서 등기 전에 양도하면 미등기양도자산으로 볼 가능성이 있다. 따라서 사전에 이 부분을 점검할 필요가 있다.

※ 부동산 거래관리과-1231, 2010.10.7.

[회신]

'소득세법' 제104조 제3항에 따른 "미등기양도자산"이란 같은 법 제94조 제1항 제1호 및 제2호에 규정하는 자산을 취득한 자가 그 자산의 취득에 관한 등기를 하지 아니하고 양도하는 것을 말하는 것이나, 같은 법 시행령 제168조 제1항 제2호에 따라 법률의 규정 또는 법원의 결정에 의하여 양도 당시 그 자산의 취득에 관한 등기가 불가능한 자산의 경우에는 미등기양도자산으로 보지 않는 것임.

3. 등기 이후에 양도하는 경우

등기 이후에는 양도일 현재 보유한 주택 수 등에 따라 양도세 비과세와 과세 내용이 달라진다. 참고로 재건축 등을 진행하면서 청산금을 납부하고 토지의 면적이 증가되면 면적증가분에 대한 비과세 요건은 아래의 예규를 참조하기 바란다.

※ 사전-2021-법규재산-1049(2022.3.29)

재개발 사업 조합원이 조합에 종전주택과 부수토지를 이전하고 청산금을 납부하여 새로 재건축주택을 분양받은 경우로서 해당 부수토지 면적이 종전주택의 부수토지 면적보다 증가한 경우, 그 증가된 부수토지는 재개발 사업에 따라 새로 취득*한 것으로 봄.

* 취득일은 준공일을 의미함. 따라서 준공일 이후 2년 이상 보유(거주)해야 청산금 부분에 대해서는 비과세가 가능함.

제5장

재건축 양도세
과세 적용법

재건축과 양도세
과세 쟁점

재건축과 관련된 양도세 과세상 쟁점은 조합원입주권과 완공주택(신축주택)으로 나눠서 계산구조를 먼저 살펴보는 것이 좋다. 과세 방식이 일반 부동산과는 차이가 나기 때문이다. 이하에서 이에 대해 알아보자.

❶ 조합원입주권 및 완공주택의 양도세 계산구조 비교

1) 청산금을 납부한 경우

구분		재건축	
		조합원입주권	완공주택
1단계	양도가액	양도가액[49]	양도가액
	- 취득가액 등	취득가액+청산금	취득가액+청산금
	= 양도차익	관리처분인가일 전과 관리처분인가일 후로 구분	기존건물과 청산금 납부분으로 구분

구분		재건축	
		조합원입주권	완공주택
2단계	– 장특공제	관리처분인가일 전만 적용	• 기존건물 : 전체 기간에 대해 적용 • 청산금 : 관리처분인가일 후 기간에 대해 적용
	= 양도소득금액		
3단계	– 기본공제		
	= 과세표준		
4단계	× 세율	일반세율(70%, 60%, 6~45%)	• 일반세율 • 주택중과세율
	= 산출세액		

2) 청산금을 수령한 경우

구분		재건축	
		조합원입주권	완공주택
1단계	양도가액	양도가액	양도가액
	– 취득가액 등	취득가액–청산금	취득가액–청산금
	= 양도차익	관리처분인가일 전과 관리처분인가일 후로 구분	좌동(청산금에 대한 양도차익 계산을 위해 전과 후로 구분. 169페이지 등 참조)
2단계	– 장특공제	관리처분인가일 전만 적용	기존건물 전체 기간에 대해 적용
	= 양도소득금액		

---

49) 조합원입주권 양도가액은 양도자가 받은 실제가액을 말한다. 통상 시장에서는 기존건물의 평가액(권리가액)에다 본인이 불입한 추가부담금(청산금) 그리고 프리미엄을 합해 시가를 형성한다. 한편 청산금을 수령하는 경우에는 기존건물의 평가액에서 청산금을 차감하고 이에 프리미엄을 더해 계산한다. 참고로 청산금의 일부를 받지 못한 상태에서 조합원입주권을 거래할 때에는 조합원입주권 양도가액과 청산금을 구분해서 계약해야 한다. 조합원입주권과 청산금을 구분해 양도세를 신고 및 납부해야 하기 때문이다(청산금 수령액 전체에 대해 양도세를 별도로 신고해야 한다).

구분		재건축	
		조합원입주권	완공주택
3단계	– 기본공제		
	= 과세표준		
4단계	× 세율	일반세율 (70%, 60%, 6~45%)	• 일반세율 • 주택중과세율
	= 산출세액		

② 재건축 양도세 계산요소

재건축 양도세 계산과 관련해 계산요소를 하나씩 살펴보자.

1) 양도세 과세 대상

재건축과 관련해 양도세 과세 대상은 크게 3가지 유형이 있다.

- 조합원입주권 → 권리의 양도에 해당한다.
- 지급받은 청산금 → 부동산의 분할양도에 해당한다.
- 완공주택 → 부동산의 양도에 해당한다.

2) 양도가액

양도가액은 조합원입주권이나 주택 등의 양도로 인해 받은 대가를 말한다.

구분	조합원입주권	청산금	완공주택
양도가액	조합원입주권 양도가액	청산금수령액	완공주택 양도가액
양도시기	잔금청산일	잔금청산일 (또는 이전고시일 익일)	잔금청산일

3) 취득가액

취득가액은 조합원 등이 실제 투자한 금전을 말한다. 따라서 청산금을 납부하거나 수령한 경우, 취득가액을 수정할 수밖에 없다.

청산금을 납부한 경우	청산금을 수령한 경우
기존건물 취득가액 + 납부한 청산금	기존건물 취득가액 − 지급받은 청산금
등기수수료 등은 기타필요경비로 추가됨.[50]	

※ 기존건물의 취득가액을 모르는 경우

기존건물의 취득가액을 모른 경우에는 부득이 환산할 수밖에 없다. 이 경우 다음과 같은 식을 이용한다(소령 제166조 제3항).

- 관리처분인가일 현재의 평가액 × $\dfrac{\text{취득 시 기준시가}}{\text{관리처분인가일 현재의 기준시가}}$

4) 양도차익

양도차익은 아래 장특공제를 상황별로 달리 적용하기 위해 안분계산해야 한다(청산금을 납부한 경우를 말함).

조합원입주권	완공주택
관리처분인가일 전과 후로 안분	기존건물분과 청산금납부분으로 안분

5) 장특공제

조합원입주권의 경우 관리처분인가일 전의 토지와 건물에 대해서 적용한다. 한편 완공주택의 경우 전체 보유기간에 대해 공제를 적용하지만, 청산금납부분에서 발생한 양도차익은 관리처분인가일 후의 기간에

---

50) 재건축 아파트의 조합원입주권을 양도하고 양도가액을 실지거래가액에 의하는 경우 실지거래가액이란 양도자와 양수자 간에 실제로 거래한 가액을 말하는 것이다. 이 경우 양도가액에는 양도일 이후 납입기일이 도래하여 양수자가 부담하는 추가분담금액을 포함하지 아니하는 것이나, 양도자가 받은 이주비 및 대출금은 양도가액에서 차감하지 "아니"하는 것이다(서면4팀-1906, 2005.10.19).

대해서만 적용한다.

구분	조합원입주권	청산금	완공주택
원칙	6~30%	좌동	좌동
예외	20~80%	좌동	좌동
중과세 적용 시 적용배제	x	가능	좌동

6) 세율

원조합원의 조합원입주권은 종전주택 취득일부터 양도일까지, 완공주택은 전체 보유기간에 따른 세율을 적용한다. 이에 반해 승계조합원의 완공주택은 준공일부터 양도일까지를 기준으로 세율을 적용한다. 따라서 승계조합원이 준공 후 바로 양도하면 주택의 단기양도에 따른 세율 70%가 적용될 수 있다.

※ 세율 적용을 위한 보유기간

구분주택	조합원입주권	완공주택
원조합원	종전주택 취득일~양도일	종전주택 취득일~양도일 (공사기간 포함)
승계조합원	조합원입주권 취득일~양도일	준공일~양도일
비고(중과세 적용 시)	해당 사항 없음.	Max[일반세율, 중과세율]

🔖 다음 장에서는 조합원입주권에 대한 양도차익, 장특공제, 세율, 사례 등을 살펴보고 뒤이어 완공주택에 대한 양도세 계산 방법에 대해 알아보자.

조합원입주권
양도차익의 구분

조합원입주권의 양도 시 장특공제가 부동산에 대해서만 적용되다 보니 양도차익을 관리처분인가일 전과 후로 나눠 계산해야 한다. 그런데 이때 청산금을 납부하거나 수령하는 경우의 양도차익 계산법이 다르다. 이하에서 이에 대해 알아보자.

❶ 청산금을 납부한 경우

조합원분양가가 기존건물에 대한 평가액[51]보다 높아 그 차액을 청산금으로 납부하는 경우에는 양도차익을 다음과 같이 구분해서 계산한다.

---

51) 기존건물의 평가액을 말한다. 관리처분계획에 따른 가액, 권리가액과 같다. 권리가액 산출 방식은 부록을 참조할 것

	① 관리처분인가일 전	② 관리처분인가일 후
양도가액	평가액(㉠)	조합원입주권 양도가액
− 취득가액	구건물 취득가액	평가액(㉠) + 청산금납부액
= 양도차익		

①의 경우, 기존건물에서 발생한 양도차익을 ②는 권리에서 발생한 양도차익을 말한다. 현행 세법은 ①의 구간에서 발생한 양도차익에 대해서만 장특공제를 적용하고 있다. 참고로 청산금납부액은 일종의 취득가액이므로 관리처분인가일 후의 양도가액에서 차감된다.

※ 소득세 집행기준 100-166-5 [청산금을 납부한 재건축·재개발 관련 조합원입주권의 양도차익]

□ 청산금을 납부한 경우 = ⓐ + ⓑ

　ⓐ 관리처분인가 전 양도차익
　　= 기존건물의 평가액 - 기존건물 취득가액 - 필요경비 등

　ⓑ 관리처분인가 후 양도차익
　　= 양도가액 - (기존건물의 평가액 + 납부한 청산금) - 필요경비 등

<사례>
● 종전주택 및 딸린 토지 취득가액 : 5,000만 원, 평가액 : 9,000만 원
● 납부한 청산금 : 4,000만 원
● 조합원입주권 양도가액 : 1억 5,000만 원

☞ 청산금을 납부한 조합원입주권의 양도차익 6,000만 원(= ① + ②)

　① 관리처분인가 전 양도차익
　　4,000만 원 ＝ 9,000만 원 - 5,000만 원

　② 관리처분인가 후 양도차익
　　2,000만 원 ＝ 1억 5,000만 원 - (9,000만 원 + 4,000만 원)

위 사례의 전체 양도차익은 조합원입주권 양도가액 1억 5,000만 원에서 청산금을 포함한 취득가액 9,000만 원을 뺀 6,000만 원이 된다. 이 금액이 관리처분인가 전과 후로 4,000만 원과 2,000만 원으로 각각 나뉘게 된 것이다. 물론 이렇게 나눈 이유는 장특공제의 적용법과 관련이 있다.

❷ 청산금을 수령한 경우

조합원분양가가 평가액보다 낮아 그 차액을 청산금으로 수령하는 경우에는 조합원입주권에 대한 양도차익을 다음과 같이 구분해서 계산한다.

	① 관리처분인가일 전	② 관리처분인가일 후
양도가액	평가액(㉠)	조합원입주권 양도가액
- 취득가액	구건물 취득가액	평가액-청산금수령액(㉡)
= 양도차익	A	
= 양도차익	A×(㉠-㉡)/㉠	

청산금수령액은 기존건물의 일부 양도 대가로 받은 것이므로 기존건물에서 발생한 전체 양도차익 중 청산금분에 대한 양도차익을 제외해야 한다. 한편 청산금수령액에 대해서는 별도로 양도세를 계산해야 한다.

※ 소득세 집행기준 100-166-6 [청산금을 지급받은 재건축·재개발 관련 조합원입주권의 양도차익]

□ 청산금을 지급받은 경우 = ⓐ + ⓑ
  ⓐ 관리처분인가 전 양도차익
    = (기존건물의 평가액 - 기존건물 취득가액 - 필요경비 등)
      × (기존건물의 평가액 - 청산금수령액) ÷ 기존건물의 평가액
  ⓑ 관리처분인가 후 양도차익
    = 양도가액 - (기존건물의 평가액 - 청산금수령액) - 필요경비 등

<사례>
• 종전주택 및 딸린 토지 취득가액 : 5,000만 원, 평가액 : 9,000만 원
• 청산금수령액 : 4,000만 원
• 조합원입주권 양도가액 : 1억 5,000만 원

☞ 청산금을 지급받은 조합원입주권의 양도차익 1억 2,222만 원(= ① + ②)
  ① 관리처분인가 전 양도차익
    2,222만 원 = (9,000만 원 - 5,000만 원) × (9,000만 원 - 4,000만 원) ÷ 9,000만 원
  ② 관리처분인가 후 양도차익
    1억 원 = 1억 5,000만 원 - (9,000만 원 - 4,000만 원)

사례에서 청산금을 포함해 총양도가액은 1억 9,000만 원이 되고, 취득가액은 5,000만 원이 된다. 따라서 1억 4,000만 원이 총차익이 된다. 그런데 세법은 청산금과 조합원입주권 양도를 별개로 보아 다음과 같이 각각 양도차익을 계산해 양도세를 계산한다.

- 조합원입주권 양도차익 : 1억 2,222만 원
- 청산금 양도차익 : 4,000만 원 – 5,000만 원 × (4,000만 원/
  9,000만 원)=1,778만 원
계 : 1억 4,000만 원

※ 저자 주
조합원입주권이나 완공주택에 대한 양도세 계산 시 양도차익을 안분하게 되는데, 이때 안분계산한 양도차익의 합계액은 전체 양도차익과 일치가 되는지 확인해야 한다.

조합원입주권과
장기보유특별공제

앞에서 본 조합원입주권의 양도차익을 관리처분인가일 전과 후로 나눈 이유는 장기보유특별공제(장특공제)를 세법에 맞게 적용하기 위해서다. 이 공제는 부동산 보유기간에 대해서만 적용된다. 이하에서는 조합원입주권 등의 장특공제제도에 대해 좀 더 자세히 알아보자.

❶ 장특공제의 개관

'소득세법' 제95조 제2항과 제4항에서는 장특공제를 다음과 같이 정하고 있다.

② 제1항에서 "장기보유특별공제액"이란 제94조 제1항 제1호에 따른 자산으로서 보유기간이 3년 이상인 것 및 제94조 제1항 제2호 가목에 따른 자산 중 조합원입주권(조합원으로부터 취득한 것은 제외한다)에 대하여 그 자산의 양도차익(조합원입주권을 양도하는 경우에는 '도정법' 제74조에 따른 관리처분계획인가 및 '소규모주택법' 제29조에 따른 사업시행인가 전 토지분 또는 건물분의 양도차익으로 한정한다)에 다음 표 1에 따른 보유기간별 공제율(6~30%)을 곱하여 계산한 금액을 말한다. 다만, 대통령령으로 정하는 1세대 1주택에 해당하는 자산의 경우에는 그 자산의 양도차익에 다음 표 2에 따른 보유기간별 공제율을 곱하여 계산한 금액과 거주기간별 공제율(20~80%)을 곱하여 계산한 금액을 합산한 것을 말한다.

④ 제2항에서 규정하는 자산의 보유기간은 그 자산의 취득일부터 양도일까지로 한다.

위의 내용을 정리하면 다음과 같다.

첫째, 이 규정은 부동산에 대해서 적용된다.

둘째, 조합원입주권의 경우 원조합원에 대해서만 적용되며, 관리처분인가일 전의 토지분 또는 건물분의 양도차익에 대해서만 공제가 적용된다.

승계조합원은 부동산으로 보유한 기간이 없기 때문에 이 공제를 받을 수 없으며, 원조합원의 경우라도 관리처분인가일 전의 부동산의 양도차익에 대해서만 이 공제가 적용된다.

📌 이러한 규정에 따라 조합원입주권을 양도할 때 전체 양도차익을 관리처분인가일 전과 후의 것으로 나눠서 안분해야 한다.

셋째, 공제율은 보유기간에 따라 6~30%가 적용된다. 다만, 대통령 령으로 정하는 1세대 1주택에 해당하는 경우에는 그 자산의 양도차익 에 표 2에 따른 보유기간별 공제율(최대 40%)을 곱해서 계산한 금액과 거주기간별 공제율(최대 40%)을 곱해서 계산한 금액을 합산한 것을 말 한다. 이를 1주택자에 대한 특례공제율(80%)이라고 한다.

넷째, 장특공제 적용을 위한 보유기간은 그 자산의 취득일부터 양도 일까지로 한다.

🖐 앞의 내용을 재건축 조합원입주권과 완공주택에 대해 적용하면 다음과 같이 정리된다.

① 원조합원이 조합원입주권을 양도하는 경우의 보유기간 : 당초 취 득일~관리처분인가일

② 원조합원이 완공주택을 양도하는 경우의 보유기간 : 당초 취득일 ~양도일. 단, 청산금을 납부한 경우에는 아래에 따름.
  - 기존건물분 양도차익에서 장특공제액을 공제하는 경우의 보유 기간 : 기존건물의 취득일부터 완공주택의 양도일까지의 기간
  - 청산금납부분 양도차익에서 장특공제액을 공제하는 경우의 보 유기간 : 관리처분인가일부터 완공주택의 양도일까지의 기간[52]

이에 대한 구체적인 계산 사례는 다음 페이지에서 살펴보자.

---

52) 사전법령해석재산 2020-386, 2020.11.23.
   기존주택에서는 2년 이상 거주했으나 완공주택에서는 2년 이상 거주하지 않은 경우에는 청산금납부분 양도차익에 대해 '소득세법' 제95조 제2항 표 2에 따른 보유기간별 공제율을 적용하지 아니하는 것임.

❷ 적용 사례

> **자료 >>**
>
> • 2000년에 1주택을 1억 원에 취득했음.
> • 이 주택에서 5년 거주했음.
> • 이 주택은 2020년 10월 관리처분에 들어가 현재 재건축으로 공사 중임.
> • 조합원분양가는 10억 원, 평가액은 8억 원, 청산금납부액은 2억 원임.

Q1 이 조합원입주권을 15억 원에 양도하는 경우 양도차익은?

양도차익은 양도대가(15억 원)에서 취득에 소요된 자금(종전주택 취득가액+청산금납부액=3억 원)을 차감하면 12억 원이 된다.

Q2 평가액은 취득가액에 해당하지 않는가?

평가액은 당초 취득한 건축물의 평가액을 말하며 실제 취득한 가액과 거리가 멀다. 다만, 양도차익을 구분할 때 안분요소로 사용된다.

Q3 이 조합원입주권은 1세대 1주택으로 비과세가 가능한가?

그렇다. 관리처분인가일 등을 기준으로 2년 이상 보유 등을 했다면 비과세가 가능하다. 다만, 양도가액이 12억 원을 넘어가면 일부 양도차익에 대해서는 과세가 된다.

Q4 양도가액이 12억 원을 초과한 비과세 대상인 조합원입주권에 대한 과세 방식은 어떻게 되는가?

먼저 이를 표로 정리하면 다음과 같다.

구분	금액		계
	관리처분인가일 전	관리처분인가일 후	
양도가액	평가액	양도가액	
– 취득가액	기존건물 취득가액	평가액 + 청산금납부액	
= 양도차익			
– 비과세 양도차익	양도차익 × (12억 원/양도가액)	좌동	
= 과세 양도차익			
– 장특공제	6~30% 또는 20~80%	–	
= 양도소득금액			
– 기본공제			
= 과세표준			
× 세율			
– 누진공제			
= 산출세액			

위의 계산구조를 보면 조합원입주권의 양도차익은 크게 관리처분인 가일 전과 후로 구분해서 계산하는데, 이는 장특공제가 전자에 대해서 만 적용되기 때문이다.

Q5 위의 경우 양도세는 얼마인가?

구분	금액			비고
	관리처분인가일 전	관리처분인가일 후	계	
양도가액	8억 원	15억 원		
– 취득가액	1억 원	10억 원		

구분	금액			비고
	관리처분인가일 전	관리처분인가일 후	계	
= 양도차익	7억 원	5억 원	12억 원	검증 : 전체 양도가액 − 실제 취득가액 + 청산금납부액 =15억 원 − (1억 원 + 2억 원) =12억 원
− 비과세 양도차익	5.6억 원	4억 원	9.6억 원	7·5억 원(12억 원)× (12억 원/15억 원)
= 과세 양도차익	1.4억 원	1억 원	2.4억 원	
− 장특공제	8,400만 원	–	8,400만 원	• 공제율 : 60%[보유 기간 40%+거주기 간 20%(5년×4%)]
= 양도소득금액	5,600만 원	1억 원	1억 5,600만 원	
− 기본공제			250만 원	
= 과세표준			1억 5,350만 원	
× 세율			38%	
− 누진공제			1,994만 원	
= 산출세액			3,839만 원	

<추가 분석>

위의 주택이 2023년 12월(관리처분인가일로부터 3년 후)에 완공되었다고 하자. 다음 물음에 답하면?

Q1 완공된 주택을 15억 원에 양도한 경우 과세되는 양도차익에 대한 양도세 계산구조는?

완공주택에 대한 장특공제는 기존건물 취득일~양도일까지의 보유기간 등에 대해 적용된다. 다만, 청산금납부분에 대한 양도차익에 대해서는 관리처분인가일 이후 보유 및 거주기간에 공제가 적용된다. 따라서 전체 양도차익을 기존건물분과 청산금납부분으로 나눠야 한다. 이러한 내용을 표로 요약하면 다음과 같다.

구분	금액			계
	관리처분 전	관리처분 후		
	기존건물	기존건물	청산금납부분	
양도가액	평가액	양도가액		
− 취득가액 등	기존건물 취득가액	평가액(①)+청산금납부액(②)		
= 양도차익	A	B		
= 양도차익 안분	A	B×[①/(①+②)]	B×[②/(①+②)]	
− 비과세 양도차익	A×12억 원/양도가액	B'×12억 원/양도가액	B'×12억 원/양도가액	
= 과세 양도차익				
− 장특공제	당초 취득일~양도일 기준 적용	관리처분인가일~양도일 기준 적용		
= 양도소득금액				
− 기본공제				250만 원
= 과세표준				
× 세율				6~45%
− 누진공제				
= 산출세액				

Q2 사례의 양도세는 얼마인가?

구분	관리처분 전 기존건물	관리처분 후 기존건물	관리처분 후 청산금납부분	계
양도가액	8억 원	15억 원		–
– 취득가액 등	1억 원	10억 원		
= 양도차익	7억 원	5억 원		12억 원
= 양도차익 안분	7억 원	5억 원×[8억 원/(8억 원+2억 원)]=4억 원	5억×[2억 원/10억 원]=1억 원	12억 원
– 비과세 양도차익	5.6억 원	4억원 × 12억원/15억원=3.2억 원	1억 원×12억 원/15억 원=0.8억 원	9.6억 원
= 과세 양도차익	1.4억 원	0.8억 원	0.2억 원	2.4억 원
– 장특공제	8,400만 원(60%)	4,800만 원(60%)	480만 원(6%*)	1억 3,680만 원
= 양도소득금액	5,600만 원	3,200만 원	1,520만 원	1억 320만 원
– 기본공제				250만 원
= 과세표준				1억 70만 원
× 세율				35%
– 누진공제				1,544만 원
= 산출세액				19,805,000원

* 관리처분인가일 후에는 거주를 하지 않았고 3년을 보유했으므로 6%를 적용한다.

Q3 앞의 조합원입주권의 양도에 비해 세금이 얼마나 절감되는가? 단, 취득세 등은 제외한다.

조합원입주권으로 양도할 때의 양도세는 약 3,800만 원, 주택으로 양도할 때의 양도세는 약 2,000만 원 정도가 된다. 완공주택이 1,800만 원 정도 저렴하게 나왔다. 조합원입주권의 경우 관리처분인가일 전의 양도차익에 대해서만 장특공제가 적용되나, 완공주택의 경우 관리처분인가일 후에도 이 공제가 적용되기 때문이다. 참고로 청산금을 납부한 경우에는 이 부분에 대해서는 관리처분인가일 후의 보유기간과 거주기간별로 공제가 적용된다는 점에 다시 한번 유의해야 할 것으로 보인다.

조합원입주권
양도세율 적용법

조합원입주권에 대한 양도세율은 일반주택과 동일하게 적용된다. 다만, 일반주택처럼 중과세율은 적용받지 않는다. 참고로 승계조합원의 경우, 세율 적용 시 취득시기가 준공일이 되어 이를 기준으로 주택에 대한 세율을 적용함에 유의해야 한다. 이하에서 이에 대해 간략히 정리해보자.

❶ 양도세율 적용법

조합원입주권이 비과세되지 않으면 과세가 되는데, 이때 세율은 다음과 같다.

1) 일반세율

- 1년 미만 보유 : 70%
- 1~2년 미만 보유 : 60%
- 2년 이상 보유 : 6~45%

☞ 세율을 적용할 때 보유기간은 다음과 같이 정한다.

구분	원조합원	승계조합원
조합원입주권	기존건물 취득일~조합원입주권 양도일	조합원입주권 취득일~조합원입주권 양도일
완공주택	기존건물 취득일~완공주택 양도일	준공일~완공주택 양도일

2) 중과세율

조합원입주권을 양도하면 양도세 중과세율을 적용하지 않고 위의 일반세율을 적용한다.

❷ 적용 사례

사례를 통해 이러한 내용을 알아보자.

자료 >>

- 2010년에 취득한 주택이 2021년 5월 관리처분에 들어가 현재 재건축 공사 중에 있음.
- 이 주택에서는 10년 거주했음.

Q1 이 조합원입주권을 2023년 7월에 양도하면 양도세율은?

2010년 취득일로부터 2년 이상 보유한 것이므로 6~45%가 적용된다.

Q2 만일 이 조합원입주권 외에 다른 주택을 보유하고 있는 경우 조합원입주권도 중과세율이 적용될 수 있는가?

아니다. 조합원입주권은 다른 주택 수에 영향을 받지 않고 일반세율을 적용하도록 되어 있다.

Q3 앞의 조합원입주권이 주택으로 완공되었다고 하자. 이 상태에서 준공일된 이후 1년 이내에 양도하면 세율은 70%가 적용되는가?

아니다. 이 경우 세율을 적용하기 위한 보유기간은 "당초 기존주택 취득일~양도일"까지를 기준으로 하므로 6~45%가 적용된다.

Q4 만일 앞의 조합원입주권을 2023년 7월에 유상취득한 상태에서 2023년 12월에 양도하면 세율은 어떻게 적용되는가?

이 경우 조합원입주권으로 보유한 기간이 1년 미만이므로 70%의 세율이 적용된다.

Q5 Q4의 조합원입주권이 2024년 1월에 완공되었다. 이후 2024년 7월에 이 주택을 양도하면 6~45%를 적용받을 수 있는가?

아니다. 승계조합원의 경우, 주택에 대한 취득시기는 준공일이 되므로 이날을 기준으로 1년 미만 양도한 경우에 해당하므로 70%의 세율이 적용된다.

Tip **소득세 집행기준 91-168-4** [준공된 재건축 아파트를 이전고시 전에 양도하는 경우] »

준공된 재건축 아파트를 이전고시 전에 양도하는 경우에는 법률의 규정 또는 법원의
결정에 의하여 양도 당시 그 자산의 취득에 관한 등기가 불가능한 자산에 해당하므
로 미등기양도자산으로 보지 아니한다(부동산 거래관리과-10, 2010.1.5).

조합원입주권
양도세 계산 사례

이상의 내용을 바탕으로 조합원입주권에 관한 양도세 계산 사례를 살펴보자. 다만, 청산금을 납부한 경우와 이를 수령한 경우로 나눠서 살펴보자.

❶ 청산금을 납부한 경우

K씨는 다음과 같은 조합원입주권을 양도하려고 한다. 이 조합원입주권은 비과세가 성립하지 않는다. 물음에 답하면?

- 종전주택 취득일 : 2003.1.5.
- 취득가액 : 1억 원
- 관리처분인가일 : 2020.3.1.
- 조합원입주권 양도일 : 2023년 예정
- 양도가액 : 10억 원
- 평가가액(권리가액) : 7억 원
- 추가부담금(청산금) : 3억 원
- 이 주택은 15년 이상 보유 및 거주함.

Q1 전체 양도차익은 얼마인가?

양도가액 10억 원에서 실제 취득한 가액 4억 원(당초 취득가액 1억 원+청산금 3억 원)을 차감하면 6억 원이 된다.

Q2 장특공제액은 얼마인가?

조합원입주권에서 발생한 양도차익에 대해서는 이 공제가 적용되지 않는다. 따라서 위의 전체 양도차익을 기존건물에서 발생한 것과 조합원입주권 상태에서 발생한 것으로 나눠야 한다.

※ 청산금을 납부한 경우 = ⓐ + ⓑ =6억 원

  ⓐ 관리처분인가 전 양도차익

    = 기존건물의 평가액−기존건물 취득가액−필요경비 등

    = 7억 원 − 1억 원 = 6억 원

  ⓑ 관리처분인가 후 양도차익

    = 조합원입주권 양도가액 − (기존건물의 평가액 + 청산금납부액) − 필요경비 등

    = 10억 원 − (7억 원 + 3억 원) = 0억 원

앞의 내용을 반영해 장특공제액을 계산하면 다음과 같다.

구분	금액		
	관리처분인가일 전	관리처분인가일 후	계
전체양도차익	-	-	6억 원
양도차익 안분계산	6억 원	0억 원	6억 원
장특공제율	30%	(적용 불가)	
장특공제	1.8억 원	0원	1.8억 원

Q3 사례에 대한 양도세를 계산해보면?

앞의 자료를 토대로 양도세를 계산해보자.

구분	금액			비고
	관리처분인가일 전	관리처분인가일 후	계	
양도가액	7억 원	10억 원		
- 취득가액	1억 원	10억 원		관리처분인가일 후 취득가액 : 평가액(7억) + 추가부담 (3억)=10억 원
= 양도차익	6억 원	0억 원	6억 원	검증 : 전체 양도가액 – 실제 취득가액 + 청산금납 부액 = 10억 – (1억 + 3억) = 6억
- 장특공제	1.8억 원 (30%)	-	1.8억 원	• 공제율 : 15년 보유× 2%=30%
= 양도소득금액	4.2억 원	0원	4.2억 원	
- 기본공제			250만 원	
= 과세표준			4억 1,750억 원	
× 세율			40%	
- 누진공제			2,594만 원	
= 산출세액			1억 4,106만 원	

② 청산금을 수령한 경우

K씨는 다음과 같은 조합원입주권을 양도하려고 한다. 이 조합원입주권은 비과세가 성립하지 않는다. 물음에 답하면?

> **자료 》**
>
> - 종전주택 취득일 : 2003.1.5.
> - 취득가액 : 1억 원
> - 관리처분인가일 : 2020.3.1.
> - 조합원입주권 양도일 : 2023년 예정
> - 조합원입주권 양도가액 : 10억 원
> - 평가가액(권리가액) : 13억 원
> - 청산금수령액 : 3억 원
> - 이 주택은 15년 이상 보유 및 거주함.

Q1 전체 양도차익은 얼마인가?

양도가액은 조합원입주권 양도가액 10억 원과 청산금수령액 3억 원 등 총 13억 원이 되며, 총취득가액은 1억 원이 된다. 따라서 총차익은 12억 원이 된다.

Q2 이 경우 조합원입주권 양도세 계산을 위한 양도가액은 얼마인가?

10억 원이다. 청산금에 대해서는 별도로 양도세를 계산하기 때문이다.

Q3 장특공제액은 얼마인가?

조합원입주권에 대한 장특공제는 관리처분인가일 전의 양도차익에 대해서만 적용된다. 우선 청산금을 수령한 경우의 양도차익은 다음과 같이 계산한다.

※ 청산금을 지급받은 경우 = ⓐ + ⓑ = 923,076,923원

  ⓐ 관리처분인가 전 양도차익

    = (기존건물의 평가액 - 기존건물 취득가액-필요경비 등) × (기존건물의 평가액 -
      청산금수령액) ÷ 기존건물의 평가액

    = (13억 원 - 1억 원) × (13억 원 - 3억 원)/13억 원

    =923,076,923원[53]

  ⓑ 관리처분인가 후 양도차익

    = 양도가액 - (기존건물의 평가액 - 청산금수령액) - 필요경비 등

    =10억 원 - (13억 원 - 3억 원) = 0원

앞의 내용을 반영해 장특공제액을 계산하면 다음과 같다.

구분	금액		
	관리처분인가일 전	관리처분인가일 후	계
양도차익 안분계산	923,076,923원	0원	923,076,923원
장특공제율	30%	(적용 불가)	
장특공제	276,923,077원	0원	276,923,077원

Q4 사례에서 조합원입주권에 대한 양도세를 계산해보면?

앞의 자료 등을 토대로 조합원입주권에 대한 양도세를 계산해보자.

---

53) 청산금 부분의 양도차익은 다음과 같이 계산된다.
   • 12억 원 × (3억 원 / 13억 원) = 276,923,077원
  따라서 조합원입주권 양도차익 923,076,923원을 더하면 총차익은 12억 원이 된다.

구분	금액			비고
	관리처분인가일 전	관리처분인가일 후	계	
양도차익	923,076,923원	0억 원	923,076,923원	
- 장특공제	276,923,077원 (30%)	-	276,923,077원	• 공제율 : 15년 보유×2%=30%
= 양도소득금액	646,153,846원	0원	646,153,846원	
- 기본공제			250만 원	
= 과세표준			643,653,846원	
× 세율			42%	
- 누진공제			3,594만 원	
= 산출세액			234,394,615원	

Q4 사례의 청산금에 대한 양도세는 어떻게 계산하는가?

구분	금액	비고
총차익	12억 원	
- 조합원입주권 차익	923,076,923원	
= 청산금분 양도차익	276,923,077원	
- 장특공제	83,076,923원	30%
= 양도소득금액	193,846,154원	
- 기본공제	2,500,000원	
= 과세표준	191,346,154원	
× 세율	38%(1,994만 원)	
= 산출세액	52,771,538원	

☞ 청산금에 대한 구체적인 계산 사례 등은 제6장에서 살펴보자.

완공주택 양도세
계산구조

　재건축 등에 의해 완공된 주택에 대한 양도세 계산구조는 앞에서 살펴본 조합원입주권과 대동소이하다. 다만, 조합원입주권의 경우 관리처분인가일 후의 양도차익에 대해서는 장특공제가 적용되지 않지만, 완공주택은 전체 보유기간에 대해 이 공제가 적용된다는 차이가 있다. 참고로 실무적으로 청산금납부에 의해 발생한 양도차익에 대해서는 관리처분인가일 후의 보유 및 거주기간에 따라 공제율이 결정된다는 점에 특히 유의해야 한다.

❶ 양도차익의 계산

1) 청산금을 납부한 경우

※ 소득세 집행기준 100-166-8 [청산금을 납부한 재건축·재개발 관련 완공주택의 양도차익]

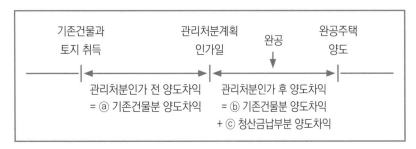

□ 청산금을 납부한 경우 = ⓐ + ⓑ + ⓒ

   ⓐ+ⓑ = 기존건물분 양도차익

      = [관리처분인가 후 양도차익 × 기존건물의 평가액 ÷

       (기존건물의 평가액 + 납부한 청산금)] + 관리처분인가 전 양도차익

   ⓒ = 청산금납부분 양도차익

      = [관리처분인가 후 양도차익×납부한 청산금 ÷

       (기존건물의 평가액 + 납부한 청산금)]

<사례>

- 종전주택 및 딸린 토지의 취득가액 : 5,000만 원, 평가액 : 9,000만 원

- 납부한 청산금 : 4,000만

- 완공주택 양도가액 : 1억 5,000만 원

☞ 청산금을 납부한 완공주택의 양도차익 6,000만 원(= ① + ②)

　① 기존건물분 양도차익

　53,846,000원 ＝ [(1억 5,000만 원 - 9,000만 원 - 4,000만 원) × 9,000만 원/
　　　　　　　　　　(9,000만 원 + 4,000만 원)] + (9,000만 원 - 5,000만 원)

　② 청산금납부분 양도차익

　6,154,000원 ＝ (1억 5,000만 원 - 9,000만 원 - 4,000만 원) × 4,000만 원 /
　　　　　　　　　(9,000만 원 + 4,000만 원)

2) 청산금을 수령한 경우

※ 소득세 집행기준 100-166-9 [청산금을 지급받은 재건축·재개발 관련 완공주택의 양도차익]

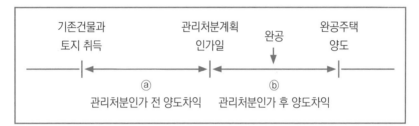

□ 청산금을 지급받은 경우
　ⓐ ＝ 관리처분인가 전 양도차익
　　＝ (기존건물의 평가액 - 기존건물 취득가액 - 필요경비 등)
　　　× [(기존건물의 평가액 - 청산금수령액) ÷기존건물의 평가액]
　ⓑ ＝ 관리처분인가 후 양도차익
　　＝ 양도가액 - (기존건물의 평가액 - 청산금수령액) - 필요경비 등

<사례>
● 종전주택 및 딸린 토지의 취득가액 : 5,000만 원, 평가액 : 1억 2,000만 원
● 청산금수령액 : 2,000만 원
● 완공주택 양도가액 : 1억 5,000만 원

☞ 청산금을 지급받은 완공주택의 양도차익 108,333,000원(= ① + ②)

   ① 관리처분인가 전 양도차익

      58,333,000원 = (1억 2,000만 원 - 5,000만 원) × [(1억 2,000만 원

      - 2,000만 원) ÷ 1억 2,000만 원]

   ② 관리처분인가 후 양도차익

      5,000만 원 = 1억 5,000만 원-(1억 2,000만 원-2,000만 원)

❷ 장특공제

장특공제는 다음과 같이 적용한다.

1) 공제율

① 원칙(6~30%)

보유기간 3년~15년 보유 시에 6~30%가 적용된다.

② 1주택자 특례(20~80%)

1세대 1주택이 과세되는 경우에 보유기간 및 거주기간별로 공제율을 합해 적용한다. 참고로 아래 공제율은 2년 이상 거주하지 않으면 6~30%를 적용함에 유의해야 한다.

보유기간	공제율	거주기간	공제율
3년 이상 4년 미만	100분의 12	2년 이상 3년 미만 (보유기간 3년 이상에 한정함)	100분의 8
		3년 이상 4년 미만	100분의 12
4년 이상 5년 미만	100분의 16	4년 이상 5년 미만	100분의 16

보유기간	공제율	거주기간	공제율
5년 이상 6년 미만	100분의 20	5년 이상 6년 미만	100분의 20
6년 이상 7년 미만	100분의 24	6년 이상 7년 미만	100분의 24
7년 이상 8년 미만	100분의 28	7년 이상 8년 미만	100분의 28
8년 이상 9년 미만	100분의 32	8년 이상 9년 미만	100분의 32
9년 이상 10년 미만	100분의 36	9년 이상 10년 미만	100분의 36
10년 이상	100분의 40	10년 이상	100분의 40

③ 공제배제

3년 미만 보유, 중과세 대상 주택이나 미등기자산에 대해서는 이 공제를 적용하지 않는다.

2) 보유기간 산정 방법

장특공제액은 기존건물과 청산금의 보유기간에 따라 적용한다.

- 기존건물분에 대한 양도차익 : 기존건물 취득일~양도일까지의 기간이 3년을 넘으면 공제한다.
- 청산금 부분에 대한 양도차익 : 관리처분인가일~양도일까지의 기간이 3년이 넘으면 공제한다.

※ 사전-2020-법령해석재산-0386, 2020.11.23.

재건축 사업을 시행하는 정비 사업조합의 조합원이 해당 조합에 종전주택과 그 부수토지를 제공 및 청산금을 납부하고 관리처분계획 등에 따라 취득한 1세대 1주택에 해당하는 완공주택 및 그 부수토지를 양도하는 경우로서, 종전주택에서는 2년 이상 거주했으나, 완공주택에서는 2년 이상 거주하지 않은 경우에는 청산금납부분 양도차익에 대해 '소득세법'제95조 제2항 표 2에 따른 보유기간별 공제율을 적용하지 아니하는 것임.

❸ 세율

완공주택에 대한 세율은 다음과 같이 적용된다.

1) 일반세율

기존주택 취득일로부터 양도일까지의 기간에 따라 70%, 60%, 6~45%가 적용된다.

2) 중과세율

해당 완공주택이 양도세 중과세 대상주택에 해당하면 중과세율이 적용될 수 있다.

완공주택 양도세 계산 사례

재건축 등에 의해 완공된 주택을 양도할 때에는 우선 비과세를 검토하고, 만일 비과세가 적용되지 않으면 과세가 어떻게 되는지 이를 확인해야 한다. 이하에서 청산금을 납부해 완공된 주택의 양도세 계산 사례를 알아보자.

<사례>

K씨는 다음과 같은 재건축으로 완공된 주택을 양도하려고 한다. 이 주택은 양도세 비과세가 성립되지 않는다. 물음에 답하면?

- 종전주택 취득일 : 2001.1.5.
- 취득가액 : 1억 5,000만 원
- 관리처분인가일 : 2018.3.1.
- 평가액 : 2억 5,000만 원
- 추가부담금(청산금) : 5,000만 원
- 아파트 양도일 : 2023년 7월 이후(관리처분인가일 기준 5년 후)
- 아파트 양도가액 : 4억 원

Q1 전체 양도차익은 얼마인가?

전체 양도차익은 양도가액 4억 원에서 실제 취득한 가액 2억 원(당초 취득가액 1억 5,000만 원+청산금 5,000만 원)을 차감하면 2억 원이 된다.

Q2 장특공제액은 얼마인가?

일단 세법에서는 다음과 같이 양도차익을 계산하도록 하고 있다.

STEP1 관리처분인가 전 양도차익 계산

※ 청산금을 납부한 경우=ⓐ+ⓑ=2억 원

ⓐ 관리처분인가 전 양도차익

= 기존건물의 평가액 − 기존건물 취득가액 − 필요경비 등

= 2억 5,000만 원 − 1억 5,000만 원 = 1억 원

ⓑ 관리처분인가 후 양도차익 = 양도가액 − (기존건물의 평가액 + 납부한 청산금)

− 필요경비 등 = 4억 원 − (2억 5,000만 원 + 5,000만 원) = 1억 원

※ 청산금을 납부한 경우=ⓐ+ⓑ+ⓒ=2억 원

ⓐ+ⓑ = 기존건물분 양도차익

= 관리처분인가후 양도차익 × [기존건물의 평가액 ÷ (기존건물의 평가액 + 납부한 청산금)]

　+ 관리처분인가전 양도차익

$$= 1억 원 \times (\frac{2.5억 원}{2.5억 원 + 0.5억 원}) + 1억 원 = 1억 8,333만 3,333원$$

ⓒ = 청산금납부분 양도차익

= 관리처분인가후 양도차익 × [납부한 청산금 ÷ (기존건물의 평가액 + 납부한 청산금)]

$$= 1억 원 \times (\frac{0.5억 원}{2.5억 원 + 0.5억 원}) = 1,666만 6,667원$$

위의 내용을 반영해 표로 정리하면 다음과 같다.

구분	금액		
	기존건물	청산금	계
전체양도차익	-	-	2억 원
양도차익 안분계산	1억 8,333만 3,333원	1,666만 6,667원	2억 원
보유기간	15년	5년	-
장특공제율	30%	10%	
장특공제	5,500만 원	166만 6,666원	5,666만 6,666원

🅖 전체 양도차익 중 관리처분인가일 전은 기존건물에서 발생한 양
　도차익이고, 그 이후에 발생한 양도차익은 기존건물과 청산금납
　부분에서 동시에 발생한 것으로 보아 위와 같은 식으로 계산한다.

Q3 사례에 대한 양도세를 계산해보면?

위에서 제시된 자료와 계산절차 등을 토대로 양도세를 계산해보면

다음과 같다. 참고로 기존건물분의 장특공제는 30%, 청산금납부분은 10%(5년 보유)을 적용한다.

구분	금액			계
	관리처분 전	관리처분 후		
	기존건물	기존건물	청산금	
양도가액	2억 5,000만 원	4억 원		–
– 취득가액	1억 5,000만 원	3억 원		
= 양도차익	1억 원	8,333만 3,333원	1,666만 6,667원	2억 원
– 장특공제	3,000만 원	2,500만 원	166만 6,666원	
= 양도소득금액	7,000만 원	5,833만 3,333원	1,500만 원	1억 4,333만 3,333원
– 기본공제				250만 원
= 과세표준				1억 4,083만 3,333원
× 세율				35%
– 누진공제				1,544만 원
= 산출세액				33,851,666원

재건축 양도세 필요경비 처리법

재건축 관련 조합원입주권이나 완공주택을 양도해 과세되는 경우 필요경비 처리법에 대해 알아보자.

1. 일반적인 필요경비 처리법

구분	취득가액	기타필요경비
• 취득가액이 입증되는 경우	실제 취득가액	실제 필요경비(중개보수료 등)
• 취득가액이 입증되지 않는 경우	환산가액 (165페이지 참조)	개산공제(기준시가×3% 등)

2. 재건축 필요경비 처리법

1) 기존건물의 취득가액이 있는 경우

이 경우에는 실제 발생한 경비를 필요경비로 한다. 이에는 다음과 같은 것들이 있다.

- 취득세
- 인테리어비용
- 청산금
- 재건축 초과이익 분담금 등

☞ 이주비 대출금은 조합원의 자금관리상 필요한 것에 불과하므로 원금 및 이자에 대해서는 필요경비로 인정되지 않는다.

2) 기존건물의 취득가액이 없는 경우

전체 양도차익 중 기존건물분의 양도차익 계산 시에는 필요경비는 개산공제(3%)를 적용한다. 한편 청산금분의 양도차익 계산 시에는 실제 필요경비를 적용하면 될 것으로 보인다.

3. 적용 사례

사례를 들어 앞의 내용을 확인해보자.

자료 >>

- 기존 아파트를 재건축해서 추가부담금을 납부하고 취득한 신축아파트를 양도했음.
- 기존주택의 취득가액은 알 수 없음.
- 완공주택을 취득하기 위해 청산금, 취득세 등이 발생하고 양도 시 중개수수료가 발생했음.

Q1 완공주택의 양도차익은 어떤 식으로 구분하는가?

먼저 관리처분인가일 전과 후로 구분하고, 관리처분 후의 양도차익에 대해서 기존건물분과 청산금분으로 나눈다.

Q2 기존건물의 취득가액이 없는 경우 취득가액은 어떻게 산정하는가?

이 경우 환산할 수밖에 없다.

Q3 취득가액을 환산하면 필요경비는 어떻게 처리할까?

일단 양도차익은 기존건물분과 청산금분으로 나누기 때문에 전자의 필요경비는 기준시가의 3%(개산공제), 후자의 필요경비는 실제 발생한 경비(청산금 해당분)가 될 것으로 보인다.

제**6**장

재건축 청산금,
1+1 조합원입주권
양도세 특집

재건축 청산금과
세무상 쟁점

　재건축 또는 재개발 과정에서 반드시 발생하는 것 중의 하나가 바로 청산금이다. 조합원의 평가액이 분양가보다 작은 경우에는 차액을 추가 납부하는 것이고, 평가액이 큰 경우에는 차액을 돌려받는다. 그런데 이러한 청산금과 관련되어 다양한 세금 문제가 파생된다는 문제점이 있다. 어떤 것들이 있는지 이를 요약해보고 하나씩 살펴보자.

- 조합원입주권 수령 없이 현금청산을 받으면 양도세는 어떻게 과세될까?
- 조합원입주권 및 현금청산금을 동시에 받으면 현금청산금에도 세금이 부과될까?
- 조합원입주권을 양도해 과세가 되는 경우, 청산금은 어떤 역할을 할까?
- 완공 후 양도세 비과세 요건을 따질 때 청산금납부분은 어떤 영향을 미칠까?

　이러한 청산금에 대한 세무상 쟁점을 해결하기 위해서는 다양한 지식들이 동원되어야 한다. 이하에서 알아보자.

❶ 청산금의 개념

재건축이나 재개발 과정을 보면 일단 자신이 보유한 부동산이 있어야 조합원 자격을 얻는다. 그런데 보유한 부동산에 대한 평가액과 배정받은 주택의 분양가액과 차이가 나는 것이 일반적이다. 이때 평가액이 분양가액보다 더 크면 일부를 돌려받게 되고, 부족하면 부족분을 추가로 내야 한다. 이렇게 평가액과 분양가액과의 차액을 납부하거나 수령하게 되는데, 이때의 금액을 "청산금(분담금 등으로 불림)"이라고 한다. 납부한 청산금은 취득가액의 일종이 되고, 수령한 청산금은 부동산의 일부 양도에 따른 대가에 해당한다고 할 수 있다.

❷ 청산금 과세 방식

수령한 청산금도 양도대가에 해당하기 때문에 이에 대해 과세가 될수밖에 없다. 다만, 해당 청산금이 비과세 대상에서 발생한 것이라면 비과세를 해주는 것이 옳다.

1) 비과세

비과세 대상인 1세대 1주택과 관련해 "청산금"이 발생하면 이에 대해서도 비과세가 적용된다. 단, 기존건물의 평가액이 12억 원을 초과하면 일부 차익에 대해서는 과세가 된다.

2) 과세

양도세 과세 대상에서 청산금이 발생하면 이에 대해서는 과세가 적용된다. 물론 과세 방식은 일반과세와 중과세로 구분될 수 있다. 계산 구조는 뒤에서 살펴보자.

③ 청산금 양도시기

1) 원칙

청산금은 부동산의 양도대가에 해당하므로 원칙적으로 잔금청산일이 양도시기가 된다.

2) 예외

소유권 이전고시일 이후에 청산금에 대한 잔금청산이 완료되지 않으면 소유권 이전고시일의 다음 날을 양도시기로 한다. 소유권 이전고시일에 대해서는 '도정법' 제86조에 규정되어 있으며, 해당 고시일자는 지방자치단체의 공보에 고시하므로 공보를 확인하면 된다(기획재정부 재산-35, 2020.1.14).

※ 소득세 집행기준 98-162-14 [교부받은 청산금의 양도시기]
재건축 및 재개발조합원이 관리처분계획에 따라 청산금을 수령한 경우로서 수령한 날까지 청산금에 상당하는 기존건물이 확정되지 아니한 경우 그 양도시기는 목적물이 확정된 날('도정법' 제54조에 따른 소유권 이전 고시일의 다음날)이다.

❹ 청산금 납세의무자

청산금은 기존건물의 양도 대가이므로 기존건물의 소유자가 납세의무자가 된다. 따라서 주택과 그 부수토지를 소유하던 거주자가 주택재건축 사업에 조합원으로 참여해 조합원입주권과 청산금을 수령하는 경우로서 최종 청산금을 수령하기 전에 조합원입주권을 양도하면서 잔여 청산금을 양수인이 수령하기로 한 경우라도 기존건물의 청산금에 대한 납세의무자는 기존건물의 소유자가 된다.

☞ 따라서 조합원입주권을 양도하면서 수령한 청산금에 대해서는 조합원입주권 양도자가 별도로 신고해야 한다.

청산금 양도세
계산구조

지급받은 청산금은 종전의 부동산에 대한 유상 대가이므로 이에 대해 양도세가 과세된다. 따라서 부동산이 주택이면 주택에 관한 세제가 적용되며, 토지이면 토지에 관한 세제가 적용된다. 그렇다면 청산금 양도세 계산구조는 어떻게 될까?

❶ 청산금 양도세 계산구조

청산금 양도세 계산구조를 표로 요약하면 다음과 같다.

구분	내용	비고
양도가액	청산금수령액	
– 취득가액	청산금수령액에 해당하는 취득가액	청산금 해당 취득금액 = 취득가액 × (청산금수령액 / 평가액)
= 전체양도차익		
– 비과세양도차익	위 양도차익 중 안분	위 양도차익 × (12억 원/평가액)
= 과세양도차익		
– 장특공제	6~30% 또는 20~80%	보유기간(취득일~양도일)과 거주기간 (전입일~전출일)에 따른 공제율의 합계
= 양도소득금액		
– 기본공제	250만 원	
= 과세표준		
× 세율	일반세율 또는 중과세율	일반세율 또는 중과세율
– 누진공제		
= 산출세액		

❷ 각 요소별 계산요령

1) 청산금수령액의 양도차익 계산 방법

※ 소득세 집행기준 100-166-10 [청산금수령액의 양도차익 계산 방법]

□ 청산금수령액의 양도차익
- 양도가액 = 청산금수령액
- 취득가액 = (기존건물 취득가액 + 필요경비 등) × (청산금수령액 / 기존건물
  의 평가액)

```
                              <사례>
 • 종전주택의 취득가액 : 5,000만 원, 평가액 : 1억 2,000만 원
 • 청산금수령액 : 2,000만 원
```

```
 ☞ 청산금수령액의 양도차익

   11,667,000원 = 2,000만 원 - [5,000만 원 × (2,000만 원 / 1억 2,000만 원)]
```

2) 비과세 되는 양도차익

청산금수령액이 1세대 1주택 비과세 대상에서 발생하고 기존건물의 평가액이 12억 원을 초과한 경우 청산금에 대해서도 비과세가 적용된다. 이 경우 청산금수령액의 양도차익에 대한 비과세금액은 다음과 같이 계산한다.

$$\bullet\ \text{청산금수령액 양도차익} \times \frac{12\text{억 원}}{\text{기존건물의 평가액}}$$

예를 들어 청산금 양도차익이 1억 원이고 기존건물의 평가액이 15억 원이라면 비과세되는 양도차익은 8,000만 원이 된다(위 식에 대입한 결괏값이다).

※ 법규재산2012-358, 2012.11.9.

재개발조합원이 지급받는 청산금은 종전주택(부수토지 포함)의 분할양도에 해당하므로 원칙적으로 양도세 과세 대상이며, 이 경우 재개발조합에 제공한 종전주택(부수토지 포함)이 '고가주택'에 해당하는지 여부는 관리처분계획에 따라 정하여진 가격*에 의하는 것임.

* 기존 부동산의 평가액, 권리가액으로 불린다.

3) 장특공제

청산금수령액도 일종의 부동산 양도대가에 해당하므로 장특공제가 적용된다. 이때 공제율은 6~30%와 20~80% 등이 적용된다. 참고로 이 공제를 적용할 때 보유기간 및 거주기간은 다음과 같이 산정한다.

- 보유기간 : 기존건물의 취득일~양도일[54]
- 거주기간 : 위 기간 중 실제 거주한 기간

※ 기획재정부재산-439(2014. 6. 9)

주택재건축 사업의 조합원이 당해 조합에 기존건물을 제공하고 기존건물의 평가액과 신축건물의 분양가액에 차이가 있어 청산금을 수령한 경우, '소득세법' 제95조 제1항에 따른 장특공제 적용 시 보유기간은 동법 제95조 제4항에 따라 당해 자산의 취득시기부터 양도일까지 하는 것임.

4) 세율

세율은 기존건물에 적용되는 것을 그대로 적용한다. 따라서 일반세율과 중과세율 모두가 적용 가능하다.

5) 감면

'도시개발법' 등에 따라 토지 등이 수용 등이 되는 경우에는 아래처럼 양도세 감면(현금보상금 10% 등)이 적용될 수 있다. 자세한 것은 전문세무사를 통해 알아보기 바란다.

---

54) 여기서 양도일은 청산금의 잔금청산일(이전고시 후 잔금청산 시에는 이전고시일 다음 날)을 말하는 것으로 보인다.

※ 재산세과-541, 2009.2.17

1. 귀 질의의 경우 '도시개발법' 기타 법률에 의한 환지처분으로 인해 1필지는 환지청산금 납부 대상(권리면적보다 교부면적이 증가)에 해당하고, 2필지는 환지청산금 교부 대상(권리면적보다 교부면적이 감소)에 해당하는 경우 환지청산금 교부 대상에 대하여는 청산금 전액에 대하여 양도소득세가 과세되는 것임.

2. 토지 등을 수용 또는 사용할 수 있는 공익사업에 해당하는 토지구획정리사업으로 그 사업시행자로부터 교부받은 환지청산금에 대한 양도소득은 '조세특례제한법' 제77조 제1항 규정에 의한 감면 대상 소득에 해당되는 것으로, 이에 해당하는지 여부는 취득일, 사업인정고시일 등을 확인하여 판단할 사항임.

❸ 적용 사례

사례를 통해 앞의 내용을 확인해보자.

자료 >>

• 2011년 4월 105㎡ 아파트를 9억 원에 취득해 10년 이상 거주 중에 있음(계속 1가구 1주택 유지).
• 금년에 재건축으로 산출된 권리가액은 20억 원임.

Q1 비과세 요건을 충족한 상태로 85㎡ 아파트 1채를 분양받고 나머지 8억 원을 현금으로 청산받는 경우, 양도세 계산 방법은?

아파트 조합원입주권은 향후 이를 양도할 때 과세되며, 수령한 청산금의 경우 그 청산금에 상당하는 종전의 토지와 건물이 유상양도된 것으로 보아 양도세가 과세된다. 다만, 이때 당해 재건축주택의 관리처분인가일 현재, 그 재건축되는 주택이 1세대 1주택 비과세 요건(2년 이상 보유, 양도가액 12억 원 초과하는 고가주택이 아닌 주택)을 충족한 경우로서, 양도 당시 1세대 1주택 비과세 요건을 갖춘 경우에는 당해 청산금에 대해서도 1세대 1주택 비과세가 적용된다.

Q2 비과세 요건을 갖춘 경우 12억 원 이하의 현금청산금은 비과세인가?

아니다. 이 경우 '도정법'에 따른 관리처분계획에 따라 정해진 가격(권리가액)이 12억 원을 초과하는 경우에는 그 초과분 양도차익에 대해 양도세가 과세된다.

Q3 현금청산금 부분에 대한 취득가액은 어떻게 계산하는가?

청산금에 대해 양도세가 과세되는 경우 양도가액은 지급받은 청산금이 되며, 취득가액은 다음의 계산식에 따라 안분계산한다.

• 취득가액 = 기존건물 취득가액 × (청산금수령액 / 기존건물 평가액)

Q4 사례의 청산금 양도차익 중 고가주택에 대한 양도차익은 어떻게 계산하는가?

사례의 경우 고가주택이므로 청산금에 대한 양도차익을 산정한 후 소령 제160조 제1항을 준용해 다음과 같이 12억 원 초과분에 대한 양도차익을 계산해야 할 것으로 보인다.

• 청산금(고가주택) 양도차익 = 청산금 양도차익 × (평가액 − 12억 원 / 평가액)

Q5 Q4에서 장특공제는 어떻게 적용되는가?

1세대 1주택 고가주택의 양도이므로 1세대 1주택자의 장특공제율 (최대 80%)을 적용받을 수 있을 것으로 보인다.

Q6 다주택자가 현금청산금을 받으면 장특공제율은 몇 %를 적용하는가?

기본적으로 6~30%가 적용되며 15년 이상 보유한 경우 최대 30%까지 공제받을 수 있다. 다만, 양도세 중과세가 적용되는 경우에는 적용 배제될 수 있다.

현금청산 시
양도세 계산법

　부동산을 보유하고 있지만 여러 가지 이유로 인해 조합원입주권을 받을 수 없거나 조합원입주권 신청을 자진 포기한 경우에는 현금청산이 된다. 그렇다면 현금청산분에 대해서는 세금이 어떻게 나올까? 사례를 들어 이에 대해 간략히 정리해보자.

자료 >>

- 현금청산에 따른 수령액 : 5억 원
- 취득가액 : 2억 원
- 장특공제와 기본공제는 없다고 가정함.
- 세율은 60%를 적용함.

Q1 위의 경우 양도차익은 얼마인가?

5억 원에서 2억 원을 차감한 3억 원이 양도차익에 해당한다.

양도세는 얼마인가?

가정에 따라 3억 원에 60%를 곱하면 1.8억 원이 된다.

Q3 **만일 조합원입주권을 별도로 받고 위의 청산금을 수령하는 경우 청산금에 대한 양도차익은 얼마인가?**

이 경우 청산금에 대한 양도가액은 5억 원이 되나 취득가액 2억 원은 조합원입주권 평가액과 청산금수령액의 비율로 나눠야 한다. 만약 기존건물의 평가액(=권리가액)이 10억 원이라면 취득가액은 다음과 같이 계산된다.

• 청산금수령분 취득가액 = 취득가액 2억 원 × (청산금수령액 5억 원 / 평가액 10억 원) = 1억 원

따라서 청산금에 해당하는 양도차익은 5억 원에서 1억 원을 차감한 4억 원이 된다.

고가주택의 청산금에 대한 비과세와 과세 사례

1세대 1주택이 관리처분에 들어간 경우로서 청산금을 받은 경우가 있다. 따라서 해당 주택이 비과세 요건을 충족한 경우라면 청산금에 대해서도 비과세가 가능하다. 하지만 이때 평가액이 12억 원을 초과한 고가주택에 대해서는 양도차익 중 일부에 대해 과세된다. 사례를 통해 이에 대해 알아보자.

❶ 청산금에 대해 비과세가 적용되는 경우

청산금에 대해서도 비과세가 적용되는 경우가 있다. 대표적으로 1세대 1주택(일시적 2주택 포함)이 있다.

1) 평가액이 12억 원 이하인 경우

기존주택의 평가액이 12억 원 이하인 상태에서 청산금을 받은 경우 청산금에 대해서도 비과세를 받을 수 있다. 현행 세법에서는 양도가액이 12억 원 이하인 고가주택에 대해서는 비과세를 적용하기 때문이다.

2) 평가액이 12억 원을 초과한 경우

평가액이 12억 원을 초과한 상태에서 청산금을 수령한 경우에는 청산금액에 대해서도 비과세가 가능하나, 일부 청산금수령액에 대해서는 과세가 된다. 이때 고가주택에서 발생한 청산금에 대한 양도차익 중 비과세 되는 양도차익은 아래와 같이 계산한다.

- 비과세되는 양도차익 = 전체 양도차익×(12억 원 / 기존건물의 평가액)

❷ 적용 사례

앞의 내용을 사례를 통해 알아보자. K씨가 처한 사항은 다음과 같다. 물음에 답하면?

자료 >>

- 2000년 3억 원에 취득한 주택이 최근 재건축에 들어갔음.
- 해당 주택의 평가액은 15억 원이며 조합원분양가는 12억 원임.
- 기타의 사항은 무시함.

Q1 K씨는 재건축 사업으로 무엇을 취득하는가?

2000년에 3억 원에 취득한 주택이 15억 원으로 평가되어 12억 원에 상당하는 조합원입주권과 청산금 3억 원을 수령하게 된다.

Q2 이 조합원의 조합원입주권은 양도할 수 있는가?

이에 대해서는 '도정법' 제39조에서 규정하고 있는 권리의 양도에 대한 내용을 검토해야 한다. 여기에서는 1세대 1주택으로 10년 이상 보유하고, 5년 이상 거주한 경우 해당 조합원입주권을 양도할 수 있도록 하고 있다.

Q3 만일 이 조합원입주권을 양도할 수 있다면 비과세가 가능한가?

그렇다. '소득세법' 제89조 제1항 제4호에서는 관리처분인가일 등을 기준으로 2년 이상 보유(거주)한 1조합원입주권에 대해 비과세를 적용하고 있기 때문이다.

Q4 청산금에 대해서는 비과세가 가능한가?

청산금이 주택의 분할양도에 따라 발생한 대가에 해당하므로 비과세가 가능하다. 다만, 평가액이 12억 원을 초과하므로 청산금에 해당하는 양도차익 중 일부는 과세가 된다.

Q5 만일 Q4에서 청산금에 대한 양도차익에 대해서도 일부 과세가 된다면 장특공제는 어떻게 적용되는가?

기존건물의 보유기간과 거주기간에 따라 최대 80%의 공제율이 적용된다.[55]

---

55) 10년 이상 보유 및 10년 이상 거주 시 80%가 적용된다.

Q6 사례의 양도세는 얼마나 나오는가? 단, 장특공제율은 80%를 적용한다.

이 경우, 다음처럼 계산할 수 있다.

(단위 : 원)

구분	금액	비고
양도가액(청산금수령액)	300,000,000	
– 취득가액(청산금 해당 취득금액)	60,000,000	3억 원 × (3억 원 / 15억 원)
= 전체양도차익	240,000,000	
– 비과세양도차익	192,000,000	2억 4,000만 원 × (12억 원 / 평가액 15억 원)
= 과세양도차익	48,000,000	
– 장특공제	38,400,000	80% 가정
= 양도소득금액	9,600,000	
– 기본공제	2,500,000	
= 과세표준	7,100,000	
× 세율	6%	
– 누진공제	0	
= 산출세액	426,000	

청산금 양도시기와
납세의무자 관련 세무상 쟁점

　재건축 사업에서 발생하는 청산금수령액은 통상 수회의 지급과정을 거쳐 지급되다 보니 양도세를 신고하는 시점을 정하는 "양도시기"를 어떤 식으로 정할 것인지, 중도에 조합원입주권을 양도하면서 미수령한 청산금을 어떤 식으로 처리할 것인지 등에 대한 쟁점이 발생한다. 이하에서 이에 대해 정리해보자.

❶ 청산금 수령과 관련된 세무상 쟁점들

1) 납세의무자

　청산금은 기존건물의 일부 양도에 대한 대가에 해당하므로 이에 대한 양도세 납세의무자는 기존건물의 소유자에 해당한다. 따라서 청산금 잔금 등을 미수령한 상태에서 매수자에게 미수금 수령권이 승계가 되는 경우에도 당초 소유자가 납세의무를 부담해야 한다.

2) 양도시기

원칙은 잔금청산일이지만 예외적으로 다음과 같이 양도시기가 정해진다.

※ 소득세 집행기준 98-162-14 [교부받은 청산금의 양도시기]

재건축 및 재개발조합원이 관리처분계획에 따라 청산금을 수령한 경우로서 수령한 날까지 청산금에 상당하는 기존건물이 확정되지 아니한 경우, 그 양도시기는 목적물이 확정된 날('도정법' 제54조에 따른 소유권 이전 고시일의 다음 날)이다.

❷ 적용 사례

사례를 통해 앞의 내용을 확인해보자.

자료 >>

- 1995년도에 서울에서 아파트 매입 후 보유
- 재건축으로 2018년 10월 관리처분을 받음.
- 이때 청산금은 2억 원을 받기로 함.
- 청산금은 2021년 2월 20%를 시작으로 7회에 걸쳐 10%씩 분할지급될 예정이며, 최종잔금은 재건축입주예정일인 2023년 12월에 지급될 예정임. 현재까지 1억 원을 지급받음.
- 현재 3주택자임.

Q1 수령한 청산금은 양도세신고 대상인가?

그렇다. '도정법'에 따라 재건축 사업을 시행하는 경우, 조합원이 소유한 토지·건물을 정비 사업조합에 현물출자하고 사업시행 완료로 같은 조합측으로부터 건설된 건물의 관리처분계획에 따라 재개발·재건축한 건물을 분양받은 것은 환지로 보아 양도에 해당하지 아니하는 것이며, 다만 환지청산금을 교부받는 부분은 양도에 해당해 양도세가 과세된다.

Q2 청산금에 대한 양도세는 주택으로 신고할까, 아니면 부동산 권리로 신고할까?

이는 기존건물의 분할양도에 해당되므로 양도하는 자산의 종류는 부동산이 된다.

Q3 청산금을 7회에 걸쳐 분할지급 받을 때 양도일은 언제인가?

청산금을 분할해 지급받은 경우에도 양도일은 잔금청산일이 된다. 다만, 이전고시일 후에 잔금청산이 되지 않으면 이전고시일의 다음 날을 양도일로 봐야 한다.

Q4 양도일을 잔금수령일로 보는 경우 납세자가 중간에 현재까지 수령한 청산금을 일부 먼저 양도세신고를 할 수 있는가?

양도시기가 도래하지 아니하는 경우에는 양도세신고를 할 수 없다.

Q5 양도세신고 시 양도세 중과세제도가 적용될 수 있는가?

현재 3주택 상태에서 청산금을 수령한 것에 해당하므로 중과세제도가 적용될 수 있다. 이 경우 다음과 같이 세제가 적용된다.

- 장특공제 : 적용배제
- 세율 : 중과세율(6~45%+20~30%p)

Q6 조합원입주권을 양도하면서 미수령한 청산금 1억 원을 포함해 계약서를 작성했다. 이 경우 조합원입주권과 청산금에 대한 양도세는 어떻게 신고해야 하는가?

조합원입주권의 양도와 청산금(미수령분 포함) 수령분을 구분해 양도세를 신고 및 납부해야 한다.

Q7 Q6에서 청산금 미수령분에 대한 대금을 매도자에게 지급한 매수자는 향후 이를 취득가액에 포함시킬 수 있는가?

아니다. 이는 매수자의 취득가액과 무관하다.

> **Tip** 조합원입주권 양도 시 계약서 작성 사례 ≫
>
> 청산금을 미수령한 상태로 조합원입주권을 양도할 때에는 청산금에 대해서는 별도의 계약서를 만들거나 특약 등으로 별도로 표시하는 것이 좋을 것으로 보인다.

1+1 재건축과
세무상 쟁점

　재건축 등의 사업에 의해 1개의 주택 등으로 2개의 조합원입주권을 받는 경우가 종종 있다. 보유하고 있던 주택 등의 가격이나 면적이 큰 경우 이러한 현상이 발생한다. 그런데 문제는 이러한 1+1 재건축과 관련해 다양한 세무상 쟁점들이 발생한다는 것이다. 지금부터는 이와 관련된 세무상 쟁점 등에 대해 정리해보자.

❶ 2개의 조합원입주권이 공급되는 근거

　'도정법' 제76조 '관리처분계획의 수립기준'을 보면 다음과 같이 2개의 조합원입주권을 공급할 수 있도록 하고 있다.

① 제74조 제1항에 따른 관리처분계획의 내용은 다음 각 호의 기준에 따른다.

7. 제6호에도 불구하고 다음 각 목의 경우에는 각 목의 방법에 따라 주택을 공급할 수 있다.

다. 제74조 제1항 제5호에 따른 가격의 범위 또는 종전주택의 주거전용면적의 범위에서 2주택을 공급할 수 있고, 이 중 1주택은 주거전용면적을 60㎡ 이하로 한다. 다만, 60㎡ 이하로 공급받은 1주택은 제86조 제2항에 따른 이전고시일 다음 날부터 3년이 지나기 전에는 주택을 전매(매매·증여나 그 밖에 권리의 변동을 수반하는 모든 행위를 포함하되 상속의 경우는 제외한다)하거나 전매를 알선할 수 없다.

위의 내용을 조금 더 알아보면 다음과 같다.

첫째, 종전주택의 가격범위 또는 종전주택의 주거전용면적의 범위에서 2주택을 공급할 수 있다. 이 중 1채는 전용면적 $60\,m^2$ 이하로 공급해야 한다.

둘째, 소유권 이전고시일 이후에는 $60\,m^2$ 이하의 주택은 3년간 소유권을 변경(상속은 제외)할 수 없다.

셋째, 소유권 이전고시 전에 조합원입주권을 양도할 수는 있으나, 이 경우 2개의 조합원입주권 모두를 양도해야 한다('주택법').

❷ 2개의 조합원입주권과 세무상 쟁점

1개의 종전주택이 2개의 조합원입주권으로 전환된 경우의 세무상 쟁점을 세목별로 정리하면 다음과 같다.

1) 취득세

향후 해당 주택이 완공되면 각자의 과세표준에 대해 2.8%의 취득세를 부담해야 한다. 참고로 2020년 8월 12일 이후에 취득한 조합원입주권도 주택 수에 포함되므로 조합원입주권 외에 다른 주택을 취득할 때에는 주택 수가 3채 이상이 될 수 있어 이 경우, 신규주택에 대해서는 중과 취득세(8~12%)가 적용될 수 있다.

2) 보유세

조합원입주권 보유 시에는 쟁점이 없으며, 향후 2주택을 보유한 경우에는 종부세 중과세의 가능성이 있다.

3) 양도세

양도세의 경우 비과세와 과세로 나눠 쟁점을 살펴보면 다음과 같다.

① 비과세

2조합원입주권이나 2개의 조합원입주권이 주택으로 완성된 경우에는 1세대 1주택에 대한 비과세를 받을 수 없다. 따라서 이에 대해 비과세를 받기 위해서는 1조합원입주권이나 1주택을 먼저 양도나 증여 등을 통해 주택 수를 줄여야 한다. 다만, 현행 '도정법' 제76조 제1항 7호 라목에서는 $60m^2$ 이하의 주택에 대해서는 이전고시 후 3년 이내에 소유권을 이전할 수 없도록 하고 있으므로 3년 후에 이를 처분한 후 나머지 1주택을 양도하면 비과세를 받을 수 있다.[56]

---

56) 보유기간 리셋제도는 소멸되었다.

② 과세

2조합원입주권이나 2주택 중 먼저 양도하는 주택은 양도세가 과세된다. 이때 다음과 같은 쟁점들이 발생한다.

- 조합원입주권(또는 주택) 2개를 일괄양도하는 경우 양도가액은 어떻게 정할 것인가?
- 취득가액은 어떤 식으로 파악할 것인가?
- 세율은 어떻게 적용할 것인가? 등

> **Tip 1+1 취득가액 계산법** »
>
> 예를 들어 1억 원에 산 주택이 재건축에 들어가 35평과 25평 2개의 조합원입주권으로 받은 경우가 있다. 이 경우 취득가액은 어떻게 구분하는 것이 세법상의 원리에 맞을까?
> 먼저 취득가액을 안분할 수 있는 방법부터 살펴보자. 이에는 다음과 같은 것들이 있을 수 있다.
> 1. 분양가로 안분하는 방법
> 2. 평가액(권리가액)으로 안분하는 방법
> 3. 면적으로 안분하는 방법 등
> 그렇다면 이 중 어떤 안이 합리적일까?
> 일단 위 1과 3이 나름 합리적으로 평가된다. 분양가와 면적 등 객관적인 지표가 있기 때문이다. 그런데 2를 안분기준으로 삼기에는 다소 불충분해 보인다. 2개의 조합원입주권 중 1개의 조합원입주권에만 무상지분이 배분되는 경우 등이 있기 때문이다. [57)]

---

57) 국세청은 인터넷 상담을 통해 "권리가액(평가액)" 비율로 안분하라고 하지만, 2개의 조합원입주권 중 권리가액이 없는 경우(즉 무상)도 있어 이의 비율을 적용하는 것을 무리라는 판단이 든다. 이 책에서는 "조합원분양가" 비율을 사용하기로 한다(실무 적용 시에는 유권해석을 통해 최종적으로 확인하기 바란다).

1+1 재건축 조합원입주권
비과세 사례

재건축 조합원입주권을 2개 받은 경우에 양도세 비과세를 받기 위해서는 1조합원입주권만 보유하고 있어야 한다. 이하에서 사례를 통해 이와 관련된 내용을 알아보자.

> **자료 >>**
>
> 2000년에 취득한 다가구주택을 보유하고 있던 상태에서 재건축정비 사업이 진행되어 조합원입주권을 2개(38평형, 24평형) 받게 되었음. 관리처분인가일은 2021년 12월이고, 관리처분인가일 현재 1세대 1주택 요건을 충족하고 있음.

Q1 상기 2개의 조합원입주권은 이전고시가 나기 전에 양도가 가능한가?

그렇다. 디만, 매가제한 규정이 적용되지 않아야 한다.

Q2 상가 2개의 조합원입주권 중 1개를 이전고시가 나기 전에 양도가 가능한가?

아니다. 주택 관련 법령상 2개의 조합원입주권을 분리해 매각할 수 없기 때문이다. 물론 완공 시 등기한 후에는 분리해서 양도 등이 가능하다.

Q3 상기 조합원입주권 외에 다른 주택이 없는 상태에서 2개의 조합원입주권을 일시에 매각할 수 있는가?

그렇다.

Q4 Q3에서 2개의 조합원입주권을 동시에 매매 시 1세대 1주택 비과세는 어떻게 적용하는 것이 좋을까?

이 경우 선조합원입주권 양도분은 과세, 후조합원입주권 양도분은 비과세를 받을 수 있다. 유리한 것을 비과세로 신고하면 될 것으로 보인다.

※ 사전-2017-법령해석재산-0528(2017.10.20)

1세대가 보유한 소령 제154조 제1항이 적용되는 1주택이 '도정법'에 따른 주택재개발 사업지역에 포함되어 조합원입주권 2개로 전환되고 다른 주택을 취득하여 세대원 전원이 이사한 후 다른 주택을 취득한 날부터 3년 이내에 조합원입주권 2개와 청산금에 대한 권리를 함께 양도한 경우로서 당해 거주자가 선택해 먼저 양도하는 조합원입주권 1개는 양도세가 과세되는 것이며, 나중에 양도하는 조합원입주권 1개의 양도소득은 '소득세법' 제89조 제1항 제4호 나목에 따라 1세대 1주택 비과세가 적용되는 것임.

1+1 조합원입주권
양도세 계산 사례

앞에서 보았지만 2개의 조합원입주권을 모두 양도하면서 비과세를 적용받는 것은 그다지 어려울 것이 없다. 하지만 양도세가 과세되는 조합원입주권에 대한 과세 방식은 조금 더 신경 써야 한다. 1개의 주택이 2개의 조합원입주권으로 변하면서 취득가액 등의 안분문제가 발생하기 때문이다. 이하에서는 조합원입주권에 대한 양도세 계산 원리와 이의 계산 사례에 대해 알아보자.

❶ 조합원입주권 양도세 계산 원리

1) 양도가액

조합원입주권 양도가액으로 한다. 만약 2개의 조합원입주권을 동시에 양도하는 경우에는 각각 구분해서 양도가액을 정하면 될 것으로 보인다. 다만, 이의 구분이 불분명한 경우에는 조합원분양가로 안분계산해야 할 것으로 보인다(유권해석 확인).

🔖 만일 비과세 양도가액은 인위적으로 크게 하면 어떤 문제가 발생할까?

2개의 조합원입주권 중 비과세 양도가액을 크게 하면 조세 회피의 가능성이 높아지므로 이의 구분금액을 인정받지 못할 수도 있다.

2) 취득가액

양도하는 조합원입주권의 취득가액은 기존건물의 취득가액을 조합원분양가비율로 나누는 것이 타당해 보인다. 한편 추가분담금(청산금)을 일부 납부하는 경우에는 한쪽에만 배분하는 것이 아닌 2개의 조합원입주권에 합리적으로 배분하는 것이 타당해 보인다.

3) 양도차익

조합원입주권에 대한 양도차익은 관리처분인가일 전과 후로 나눠서 계산한다. 전자에 대해서만 장특공제가 적용되기 때문이다. 이에 대한 계산 방법은 제5장에서 살펴본 것과 같다.

4) 장특공제

조합원입주권을 양도함에 따라 적용되는 장특공제는 관리처분인가일 전의 양도차익에 대해서만 적용된다.

❷ 적용 사례

사례를 통해 앞의 내용을 확인해보자.

자료 »

- 2000년에 1억 원에 주택을 취득함.
- 해당 주택은 2022년 1월 관리처분인가를 받음.
- 이때 2개의 조합원입주권을 받음(35평과 25평임).
- 35평 조합원분양가는 10억 원, 25평 조합원분양가는 5억 원임.
- 기존건물의 평가액(권리가액)은 15억 원임(35평 10억 원, 25평 5억 원으로 배분).
- 추가분담금(청산금)은 없음.[58]
- 35평 양도가액은 15억 원, 25평 양도가액은 10억 원임.

Q1 앞의 조합원입주권은 양도 가능하다고 하자. 이 경우, 어떤 조합원 입주권을 비과세 받는 것이 유리한가?

조합원입주권은 동시에 양도해야 하므로 35평 조합원입주권을 비과세로 양도하는 것이 더 유리해 보인다.

Q2 25평에 대해서는 양도세를 낸다고 하자. 이 경우 취득가액은 얼마인가?

이 재건축에서 발생한 총취득가액은 1억 원(기존건물 1억 원 + 청산금 0원)이다. 따라서 25평에 대한 취득가액을 조합원분양가 비율로 나누면 다음과 같다.

$$- \text{기존건물 취득가액} = 1\text{억 원} \times \frac{5\text{억 원}}{15\text{억 원}} = 3,333\text{만 원}$$

---

[58] 청산금은 납부하거나 수령한 경우 취득가액을 수정해야 한다. 구체적인 계산 방법은 저자에게 문의하기 바란다.

25평에서 발생한 총양도차익은 양도가액 10억 원에서 취득가액 3,333만 원을 차감한 9억 6,667만 원이다. 이 차익은 관리처분인가일 전과 후로 구분되어야 한다.

- 관리처분인가일 전의 양도차익 : 평가액 - 기존건물 취득가액
  = 5억 원 - 3,333만 원 = 4억 6,667만 원
- 관리처분인가일 후의 양도차익 : 양도가액 - (평가액 + 청산금)
  = 10억 원 - 5억 원 = 5억 원
- 계 = 9억 6,667만 원

Q3 25평 조합원입주권의 양도가액이 10억 원인 경우 양도세는 얼마인가?

구분	금액		
	관리처분인가일 전	관리처분인가일 후	계
양도가액	5억 원	10억 원	
- 취득가액	3,333만 원	5억 원	
= 양도차익	4억 6,667만 원	5억 원	
- 장특공제	1억 4,000만 원 (30%)	0원	
= 양도소득금액	3억 2,667만 원	5억 원	8억 2,667만 원
- 기본공제			250만 원
= 과세표준			8억 2,417만 원
× 세율			42%
- 누진공제			3,594만 원
= 산출세액			310,211,400원

Q4 35평 조합원입주권을 양도하면 전액 비과세가 적용되는가?

그렇지 않다. 12억 원을 초과한 부분에 대해서는 과세가 적용된다.

> **Tip** 1+1 재건축으로 완공된 주택 양도세 계산 »
>
> 1+1 재건축으로 완공된 주택 중 1채를 먼저 양도하는 경우의 양도세 계산은 앞에서 본 조합원입주권과 유사하게 전개된다. 이때 취득가액 안분이 문제가 되는데, 이에 대해 과세관청은 다음과 같은 해석을 내놓고 있다. 해석이 선뜻 이해하기 어려울 수 있으니 실무 적용 시 주의하기 바란다.
>
> ※ 부동산-3704, 2019.10.31.
>
> 종전 1주택이 2개의 조합원입주권으로 전환되어 완공 후 양도한 경우 '도정법'에 따른 재개발 사업으로 종전 1주택(A주택)이 관리처분인가에 따라 2개의 조합원입 주권으로 전환되어 2주택 취득한 경우, 분담금을 추가로 납부하지 아니하고 취득한 주택(B주택)은 소령 166②에 따라 양도차익을 계산하며, 청산금과 추가분담금으로 취득한 주택(C주택)의 양도차익은 분양가액을 취득가액으로 보아 양도차익을 산정하는 것이다.

공동소유 주택의 1+1 재건축과 공유물 분할

1개의 주택을 공동으로 소유한 상태에서 조합원입주권을 2개 받은 경우, 각 조합원입주권도 공동으로 소유하는 것이 원칙이다. 이렇게 되면 향후 종부세 과세 등에서 주택 수가 증가해 세 부담이 커지게 된다. 그래서 어떤 경우에는 공유지분의 분할을 통해 이를 1채씩 소유한 것으로 정리하는 경우가 있다. 이에 대해 '소득세법'에서는 다음과 같은 통칙이나 예규 등을 두어 공유토지의 재분할은 양도로 보지 않고 있다. 실무 적용 시 참조하기 바란다.

※ '소득세법' 기본통칙 88-0…1(자산의 양도로 보지 아니하는 경우)

> 공동소유의 토지를 소유지분별로 단순히 분할하거나 공유자지분 변경 없이 2개 이상의 공유토지로 분할하였다가 그 공유토지를 소유지분별로 단순히 재분할하는 경우에는 양도로 보지 아니한다. 이 경우 공동지분이 변경되는 경우에는 변경되는 부분은 양도로 본다.

※ 서면법령해석재산2018-3245(2021.11.23.)

[제목] 공유 중이던 주택이 재건축되어 2채의 완공주택을 분양받은 후 서로 1채씩 단독 소유로 지분정리 시 양도세 과세 여부

[요약] 공유 중이던 주택이 재건축되어 2채의 완공주택을 분양받은 후 서로 1채씩 단독 소유로 지분정리 시 시가차액에 관한 정산분은 과세됨.

[질의]

(사실관계)

○ 1987.11.18. 갑(甲)은 서울시 소재 A주택 취득

* 갑(父)과 을(子)은 동일세대를 이루다 2008년 을(乙)이 결혼하면서 세대분리

○ 2015.7.9. 갑이 을에게 A주택 지분 2/1 증여

○ 2016.7.13. A주택 단지에 대한 재건축정비 사업 관리처분인가

* 완공주택 2채 B(60㎡ 초과), C(60㎡ 이하)가 배정될 예정(추가 분담금 없음)

○ 2018.8. 갑은 A주택 지분 8%를 을에게 양도

* 양도 후 공유지분: 갑 42%, 을 58%

○ 재건축 주택은 2021년 중 사용승인 예정으로 보존등기 시 B, C주택 모두 공유등기 후 즉시 B주택은 갑, C주택은 을이 단독소유하는 것으로 지분정리할 예정

(질의내용)

○ 갑과 을이 1/2씩 공유 중이던 1채의 주택이 재건축되어 2채의 완공주택을 배정받고, 재건축 완공 전 갑이 을에게 공유지분 일부(8%)를 양도한 이후에 완공된 2채의 주택을 갑과 을이 1채씩 단독소유하는 것으로 지분정리한 경우

– 해당 지분정리에 대해 양도세가 과세되는지 및 갑이 단독소유한 주택을 양도 시 비과세 거주요건 적용 여부

[회신]

서면질의의 사실관계와 같이, 갑과 을이 각 1/2씩 공유 중이던 주택이 '도정법'에 따라 재건축되어 2채의 완공주택을 분양받는 경우로서, 재건축 완공 전 갑이 을에게 공유지분 일부를 양도하고 완공된 이후에 갑과 을이 각각 1채씩 단독소유하는 것으로 지분정리한 경우, 해당 지분정리가 양도세 과세 대상에 해당하는지 및 갑이

단독소유한 주택에 대해 소령 제154조 제1항에 따른 거주요건을 적용하는지는 각각 기존 해석사례(기획재정부 재산세제과-849, 2021.9.28, 기획재정부 재산세제과-856, 2018.10.10)를 참고하시기 바람. 다만, 상호 지분청산에 따라 가액을 기준으로 당초 공유지분을 초과해 취득한 경우라면 해당 초과 취득한 부분은 지분청산 시 새로 취득한 것으로 보아 비과세 거주요건 등 관련 규정을 적용하는 것임.

제**7**장

임대주택의 재건축과
세무상 쟁점

주택임대사업자와
재건축에 따른 쟁점

    주택임대사업자(주임사)가 거주하고 있는 주택이나 임대하고 있는 주택이 재건축이나 재개발 또는 소규모재건축 등에 들어간 경우가 있다. 이러한 상황이 발생하면 주택임대사업자들의 세금관계에 영향을 미칠 수밖에 없다. 이하에서는 주임사가 보유한 주택과 관련된 '민간임대주택에 관한 특별법(민특법)' 개정내용 및 세무상 쟁점 등을 정리해보자.

❶ 재건축 등과 '민특법'

    등록한 임대주택이 재건축 등으로 멸실된 경우의 '민특법'은 이를 어떻게 취급하는지 정리해보자.

1) 재건축 등으로 멸실된 임대주택

재건축이나 재개발 등으로 임대주택이 멸실되면 '민특법'상 등록이 직권으로 말소된다. 그런데 이러한 말소유형은 '민특법'상 의무임대기간(4년, 8년 등)의 경과에 따른 자동말소나 의무임대기간 내 주임사의 신청에 따른 자진말소와는 그 성격이 다르다.

2) 아파트 등록 불허

2020년 8월 18일 이후부터 아파트는 등록이 불가능하므로 재건축 등에 의해 완공된 임대주택은 더 이상 등록할 수 없다.

❷ 임대주택의 재건축과 세제의 적용

임대주택이 임대 중에 부득이하게 재건축이나 재개발에 들어간 경우가 종종 있다. 그 결과 '민특법'에 따라 등록이 직권말소되면서 세제에도 영향을 준다. 다만, 이러한 유형의 말소는 의무임대기간(4년, 8년 등)이 경과하면 무조건 등록이 자동말소되거나 그 이전이라도 신청에 의해 자진해 말소하는 것과는 세제상 차이가 있다. 이 부분을 간략히 정리해보고, 자세한 것은 뒤에서 살펴보자.

※ 임대주택의 자동말소·자진말소·직권(재건축)말소와 양도세

구분	자동말소*	자진말소*	직권말소
거주주택 비과세	적용	적용 (1/2 이상 임대)	• 말소 전 : 적용 • 말소 후 : 미적용
양도세 중과배제	적용	적용 (1년 이내 처분)	• 말소 전 : 적용 • 말소 후 : 미적용
'조특법' 장특공제 특례	적용(50% 등)	미적용	미적용

* 자동말소나 자진말소 후에 임대주택이 재건축 등에 들어간 경우에는 세제 혜택이 그대로 적용된다. 의무임대기간 요건을 지켰기 때문이다.

앞의 표에서 자동말소나 자진말소는 '민특법'에서 규정하고 있는 제도로 자동말소나 자진말소 기간 내에서 5% 임대료 상한 등의 요건을 준수했다면 세제 혜택을 폭넓게 부여한다. 이에 반해 의무임대기간 내에 재건축으로 등록이 말소되면 말소되기 전까지만 혜택을 부여하고 그 이후에는 혜택을 부여하지 않는다.[59]

> 🛈 이처럼 임대주택이 재건축 등에 들어갈 가능성이 높은 경우에는 아래처럼 조치를 취해야 그나마 혜택을 누릴 수 있을 것으로 보인다.

• 의무임대기간의 1/2이 지난 경우

이때는 자진말소를 신청하면 다음과 같은 혜택을 받을 수 있다.

- 거주주택은 말소일로부터 5년 이내에 양도 시 비과세 가능
- 임대주택은 말소일로부터 1년 이내에 양도 시 중과배제 가능

• 의무임대기간이 1/2이 지나지 않은 경우

이때에는 거주주택을 빨리 양도하면 이에 대해서는 비과세를 받을 수 있다. 재건축으로 말소되기 전에 이미 받은 비과세 등은 추징되지 않기 때문이다.

---

59) 재건축 등에 따른 말소도 '민특법'에서 규정하고 있는 '자동말소'와 같은 개념으로 세제를 적용하는 것이 타당해 보이나, 세법은 자동말소나 자진말소와는 전혀 다른 개념으로 접근하고 있음에 유의해야 한다.

❸ 거주주택이 멸실된 경우

앞과는 다르게 거주주택이 재건축 등에 들어가는 경우가 있다. 이에 대해 과세당국은 양도 당시 실제 주택이 아닌 조합원입주권에 대해서는 비과세를 적용해주지 않고 있다. 조합원입주권에 대한 비과세는 '소득세법' 제89조 제1항 제4호에서 열거된 2가지 유형의 것에만 적용하기 때문이다.[60]

> 🍏 임대주택이나 거주주택이 조합원입주권으로 변한 상태에서 소령 제155조 제20항에 따른 거주주택 비과세를 받기가 힘든 것이 현실이다. 이 문제는 매우 중요하므로 다음 장에서 별도로 분석해보자.

---

60) 제4장을 참조하기 바란다.

2

임대주택이 멸실된 경우
거주주택 비과세 적용법

장기임대주택이 임대 중에 재건축 등이 되면 등록이 자동으로 말소된다. 그리고 재건축 등을 거쳐 아파트로 완성된 경우에도 2020년 8월 18일 이후부터 더 이상 임대등록이 되지 않는다. 이러한 상황에서 거주주택에 대한 비과세는 어떻게 적용할까?

❶ 의무임대기간 전에 임대주택이 멸실된 경우

의무임대기간이 경과하기 전에 임대주택이 재건축에 들어가 등록이 반강제적으로 말소된 경우가 있다.

이 경우에는 조합원입주권을 보유하게 되는 동시에 거주주택을 보유하게 되는데, 이때 소령 제155조 제20항(주임사 거주주택 비과세 규정)에 따라 비과세가 적용될지의 여부가 궁금할 수 있다.

이에 과세당국은 거주주택 양도일 현재에 임대주택이 없으므로 소령 제155조 제20항에 따른 거주주택 비과세를 받을 수 없다고 한다. 거주주택 비과세제도는 임대 중에 적용되는 제도인데 임대주택은 없고 조합원입주권을 보유한 상태이다 보니 이 규정을 적용하지 않는다는 것이다. 아래 예규를 참조하기 바란다.

※ 기획재정부재산-928(2021.10.27.)

[제목] 재건축 사업으로 2020.8.18. 전 멸실된 임대주택의 특례 적용 여부

[요약] 임대주택이 재개발, 재건축 사업 등으로 2020.8.18. 전 멸실된 후 새로 취득한 주택이 아파트로 '민특법'에 따른 임대사업자 등록할 수 없는 경우에는 당초의 임대주택이었던 아파트 외의 1주택(거주주택)은 소령 제155조 제20항이 적용되지 않는 것임.[61]

Q 조합원입주권과 1거주주택이 있는 경우 어떻게 해야 주택에 대해 비과세를 받을 수 있을까?

이 경우 소령 제155조 제20항은 적용받을 수 없으므로, 소령 제155조 제1항·제5항, 소령 제156조의2(조합원입주권 비과세 특례 등)의 규정에 따라 이를 적용받아야 할 것으로 보인다(제4장을 참조하기 바란다).

---

61) 그러나 임대주택이 의무임대기간 전에 재건축이 들어가 강제말소된 것은 해당 소유자와는 무관한 일이다. 따라서 위와 같이 부득이한 사유에 의해 등록이 말소된 경우에도 거주주택 비과세를 적용해 주는 것이 타당하다는 의견들이 있다. 저자의 경우에도 이러한 견해에 동의한다.

❷ 자동말소나 자진말소 후에 임대주택이 멸실된 경우

의무임대기간의 경과에 따라 자동말소가 되거나 그 전에 요건(1/2 이상 임대 등)을 갖춰 자진말소를 한 경우가 있다. 그런데 이후 해당 임대주택이 멸실되어 조합원입주권으로 변환된 상태에서 거주주택을 양도하면 비과세를 받을 수 있을까?

1) 자동말소

재건축 등에 들어가기 전에 의무임대기간의 경과로 자동말소가 된 경우에 말소일로부터 5년 이내 거주주택을 양도하면 비과세를 받을 수 있다. 아래 예규를 참조하자.

※ 법규재산 2021-5317(2022.4.8.)

소령 제167조의3 제1항 제2호 가목 및 다목부터 마목까지의 규정에 해당하는 장기임대주택이 '민간임대주택에 관한 특별법' 제6조 제5항에 따라 의무임대기간이 종료한 날 등록이 말소된 후 '도정법'에 따른 재개발 사업의 관리처분인가에 따라 조합원입주권으로 전환된 상태에서, 장기임대주택의 등록이 말소된 날 이후 5년 이내에 거주주택을 양도하는 경우, 소령 제155조 제20항을 적용받을 수 있는 것임.

2) 자진말소

재건축 등에 들어가기 전에 의무임대기간의 1/2 이상 경과한 상태에서 자진말소를 하고 말소일로부터 5년 이내에 거주주택을 양도하면 비과세를 받을 수 있다. 따라서 이 경우 자진말소 후에 임대주택이 말소된 경우라도 5년 이내에 거주주택을 양도하면 비과세가 적용될 것으로 보인다.

ⓖ 이상의 내용을 보면 재건축 등이 예정된 경우 거주주택 비과세는 자동말소나 자진말소제도를 이용하거나 재건축 등이 들어가기 전에 양도해 비과세를 받는 것이 좋을 것으로 보인다.

구분	자동말소	자진말소	재건축 직권말소
말소 전 거주주택 양도 시 비과세	가능	가능	가능
말소 후 거주주택 양도 시 비과세	가능	가능	불가능

Tip 임대주택이 재건축으로 완성된 상태에서 거주주택을 양도 시의 과세 방식 ≫

이 경우에는 재건축 아파트가 '민특법'상 임대주택이 아니므로 일반주택에 해당한다. 따라서 이 주택과 그 밖의 주택 수에 따라 과세 방식이 정해질 것으로 보인다. 간단한 사례를 통해 이에 대한 내용을 알아보자.

자료 ≫

- A주택 : 재건축에 의해 말소된 임대주택이 완공됨.
- B주택 : 거주주택
  - 모두 조정지역에 해당함.

Q1 이 상황에서 B주택을 양도하면 비과세를 받을 수 있는가?

2020년 8월 18일 이후에 재건축 아파트는 더 이상 임대등록할 수 없다. 따라서 이 경우 일반주택 2채를 보유한 결과가 된다.

Q2 A주택이 완공된 날로부터 B주택을 일시적 2주택으로 양도하면 비과세가 적용되는가?

A주택이 재건축으로 완공된 주택의 취득일은 재건축 전에 취득한 날이다. 따라서 이 경우 일시적 2주택 비과세가 성립되지 않는다.

Q3 만약 둘 중 1채를 양도하고 남은 1채를 양도하면 비과세를 적용받을 수 있는가?

남은 주택은 1세대 1주택에 해당하고 비과세 요건을 갖춘 경우라면 비과세를 받을 수 있다.

거주주택이 멸실된 경우
거주주택 비과세 적용법

장기임대주택 외 거주주택은 2년 이상 거주하면 비과세를 받을 수 있다. 그런데 이때 거주주택이 재건축 등에 의해 멸실되어 조합원입주권이 된 경우, 이에 대해 비과세가 적용되는지의 여부가 쟁점이 될 수 있다. 이하에서 이에 대해 간략히 정리해보자.

우선 조합원입주권에 대한 비과세를 받기 위해서는 '소득세법' 제89조 제1항 제4호에서 정하고 있는 유형에 해당되어야 한다. 이에 대한 대략적인 내용은 다음과 같다.

- 1조합원입주권만 보유한 경우
- 1조합원입주권 보유 중 주택을 취득해 일시적 2주택으로 처분하는 경우

따라서 위처럼 거주주택이 조합원입주권으로 변환된 경우에는 위의

규정과 관련이 없으므로 이러한 상황에서는 조합원입주권에 대해서는 비과세가 적용되지 않는다고 한다. 거주주택 비과세 특례규정은 장기임대주택과 거주주택을 보유하다가 거주주택을 양도하는 경우만을 규정할 뿐, 거주주택이 조합원입주권으로 전환된 후 조합원입주권을 양도하는 경우에 대해서는 명시적으로 규정하고 있지 않기 때문이다(서울행정법원-2019-구단-72031 [생산일자] 2020.8.25. 참조).

따라서 임대 중의 주택 외에 입주권을 보유하고 있다면 일반규정에 따라 주택이나 입주권에 대해 비과세 적용 여부를 판단해야 할 것으로 보인다.

Tip | 임대사업자의 주요 세제 혜택 요건 비교 »

구분	거주주택 비과세	양도세 중과세 제외	장특공제특례
기준시가	6억 원(3억 원) 이하	좌동	없음(단, 2018.9.14. 이후 취득분부터 기준시가요건 적용).
면적	없음.	없음.	85㎡ 이하
의무임대기간	5년	• 5년(2018.3.31.) • 8년(2018.4.1.) • 10년(2020. 8.18.)	• 8년(50%) • 10년(70%)
임대료 5% 상한률[62]	있음. (2019.2.12. 이후 계약분).	좌동	있음. (등록 후 계약분).

---

62) 임대주택이 자동말소된 경우에는 임대료 5% 증액제한, 의무임대기간, 사업자등록 유지 요건 등은 준수할 필요가 없다(기재부 재산세제과-151, 2022.1.24).

임대주택의 재건축과
양도세 중과배제

장기임대주택이 임대 중에 재건축 등이 된 경우 등록이 자동으로 말소된다. 그리고 재건축 등으로 완성된 경우에도 더 이상 임대등록이 되지 않으므로 세제지원을 받을 수 없다. 이하에서는 장기임대주택이 재건축 등이 된 경우의 양도세 중과배제에 대해 알아보자.

❶ 조합원입주권 상태에서 양도하는 경우

조합원입주권은 주택에 대한 중과세제도를 적용하지 않는다. 입법적으로 중과를 적용하지 않도록 했기 때문이다.

② 재건축 아파트가 완공되어 양도하는 경우

이 경우에는 '민특법'상 임대주택이 아니므로 일반주택에 해당한다. 따라서 이 주택과 그 밖의 주택 수에 따라 이에 대해서는 중과세가 적용될 수 있다.

사례를 통해 이에 대한 내용을 알아보자.

자료 >>

- A주택 : 재건축에 의해 말소된 임대주택이 완공됨.
- B주택 : 거주주택
  - 모두 조정지역에 해당함.

Q1 이 상황에서 B주택을 양도하면 비과세를 받을 수 있는가?

아니다. 2020년 8월 18일 이후에 재건축 아파트는 더 이상 임대등록할 수 없다. 따라서 이 경우 일반주택 2채를 보유한 결과가 되기 때문이다.

Q2 만일 완공된 임대주택을 양도하면 양도세 중과배제는 적용되는가?

양도세 중과세제도가 작동되는 상황을 전제하면 양도세 중과배제를 받을 수 없다. 위 재건축을 거친 임대주택은 일반주택에 해당하기 때문이다.

Q3 위 상황에서는 어떤 식으로 전략을 마련해야 하는가?

일단 중과배제 여부를 확인한 후 양도차익이 작은 것을 먼저 양도하고 최종 1주택은 비과세를 받는 식으로 하는 것이 좋을 것으로 보인다.

참고로 2년 이상 보유한 주택에 대해서는 2022년 5월 10일부터 한시적으로 양도세 중과배제가 적용되고 있다.

③ 재건축 전에 자동말소나 자진말소를 하는 경우

1) 자동말소

재건축 등에 들어가기 전에 의무임대기간의 경과로 자동말소가 된 경우에는 처분기한 없이 중과세를 적용하지 않는다.

2) 자진말소

재건축 등에 들어가기 전에 의무임대기간의 1/2 이상 경과 시 자진말소를 하고, 말소일로부터 1년 이내에 양도 시 중과세를 적용하지 않는다.

> **Tip** '조특법'상 장특공제 특례와 양도세 감면 »
>
> 임대주택이 재건축 등으로 멸실된 경우 이후 완공되더라도 더 이상 임대등록할 수 없다(2020.8.18.). 따라서 이 경우 의무임대기간 미달로 장특공제 특례와 양도세 100% 감면은 받을 수 없을 것으로 보인다.

제**8**장

주택분양권과
세무상 쟁점

주택분양권과
세무상 쟁점

조합원입주권과 유사한 주택분양권이라는 것이 있다. 전자는 통상 기존주택 등을 보유한 상태에서 조합원에게 주어지는 권리인 반면, 후자는 별도의 주택공급계약을 통해 획득한 권리에 해당한다. 이하에서 제1장에서 살펴본 조합원입주권과 주택분양권의 세무상 쟁점들을 다시 한번 비교해보고, 주택분양권에 대한 세무상 쟁점을 순차적으로 정리해보자.

❶ 주택분양권의 정의

'지방세법'과 '소득세법'에서 열거되고 있는 주택분양권만 주택 수에 포함된다. 따라서 이의 구분이 매우 중요하다. 자세한 내용은 제1장 등에서 살펴보았으니 이 장에서는 주택분양권에 대한 '소득세법'상의 정의를 다시 한번 살펴보자('소득세법' 제88조 제10호).

10. "주택분양권"이란 '주택법' 등 대통령령으로 정하는 법률에 따른 주택에 대한 공급계약을 통하여 주택을 공급받는 자로 선정된 지위(해당 지위를 매매 또는 증여 등의 방법으로 취득한 것을 포함한다)를 말한다.(2020.8.18. 신설)

이처럼 주택분양권은 '주택법' 등 대통령령으로 정하는 법률에 따른 주택에 대한 공급계약을 통해 주택을 공급받는 자로 선정된 지위를 말한다. 세법상의 주택분양권은 다음과 같은 것들이 해당한다.

- '도정법'상의 주거환경개선 사업에 따라 획득한 지위
- '주택법'상의 지역·주택조합원의 지위 등

❷ 주택분양권과 세무상 쟁점

주택분양권과 관련된 세무상 쟁점을 조합원입주권과 다시 한번 비교하면 다음과 같다.

구분		조합원입주권		주택분양권
		원조합원	승계조합원	
취득세	세율	• 종전주택 : 1~12% • 완공주택 : 2.8%	• 대지 : 4% • 완공주택 : 2.8%	• 완공주택 : 1~12%
	주택 수 포함	포함(2020.8.12.)	좌동	좌동
	일시적 2주택 취득세 일반세율 적용 특례	• 1조합원입주권 보유 중 1주택 취득 시 : 준공일부터 3년 이내에 완공주택 또는 1주택 양도(지령 28조5②)	해당사항 없음.	• 1주택분양권 보유 중 1주택 취득 시 : 취득일부터 3년 이내에 완공주택 또는 1주택 양도(지령 28조5②)

구분		조합원입주권		주택분양권
		원조합원	승계조합원	
양도세 비과세	조합원입주권 비과세 가능 여부	가능	불가능	-
	완공주택 1세대 1주택 2년 보유(거주)요건	기존건물 취득일 ~ 양도일 기준	준공일 ~ 양도일 기준	잔금청산일 ~ 양도일 기준
	조합원입주권 보유 시의 일시적 2주택 비과세	1(원)조합원입주권+ 1주택 : 3년 이내에 1조합원입주권 양도 시 비과세(소법 89④)	• 1주택+1(승계)조합 원입주권 : 3년 이내 에 1주택 양도 시 비 과세(소령 156조2③) • 위+3년 후에 1주택 양도 시에는 완공 후 3년 이내 양도하면 비과세(추가 요건 있 음. 소령 156조2④)	• 1주택+1주택분양권 : 3년 이내에 1주택 양도 시 비과세(소령 156조3②) • 위+3년 후에 1주택 양도 시에는 완공 후 3년 이내 양도하면 비과세(추가 요건 있 음. 소령 156조3③)
	사업시행 중 대체주택 비과세	1주택 보유자가 사업 시행 중 취득한 대체주 택에 대해 비과세 (소령 156조2⑤)	불가능	-
양도세 과세	장특공제 보유 (거주)기간	• 조합원입주권 : 기존 건물 취득일~관리처 분인가일 • 완공주택 - 기존건물 : 기존 건물 취득일~양 도일 기준 - 청산금납부분 : 준공일~양도일 기준	• 조합원입주권 : 해 당사항 없음. • 완공주택 : 준공일~ 양도일 기준	• 완공주택 : 잔금청산 일~양도일 기준
	세율	• 조합원입주권 : 일반 세율 • 완공주택 - 일반세율 - 중과세율[63]	좌동	• 주택분양권 : 중과세율 • 완공주택 - 일반세율 - 중과세율
		보유기간 • 조합원입주권 : 기존 건물 취득일~양도일 • 완공주택 : 기존건물 취득일~양도일	• 조합원입주권 : 조 합원입주권 취득일~ 양도일 • 완공주택 : 준공일~ 양도일	• 주택분양권 : 취득 일~양도일 • 완공주택 : 잔금청 산일~양도일

주택분양권에 대한 세무상 쟁점도 주로 취득세와 양도세에서 발생하지만 조합원입주권보다는 다소 덜 복잡하다.

---

63) 2021년 6월 1일부터 6~45%+20~30%p을 말하며, 2년 이상 보유한 주택에 한해 2022년 5월 10일부터 2년간 한시적으로 일반세율이 적용될 예정이다.

주택분양권과
취득세 쟁점

주택분양권과 관련된 취득세 쟁점은 2020년 8월 12일부터 중과세 규정이 도입되면서 다양하게 발생하고 있다. 구체적으로 이날 이후부터 주택분양권도 주택 수에 포함되고, 주택이 완성되는 경우 취득세율이 최대 12%까지 부과될 수 있다. 이하에서 이에 대해 알아보자.

❶ 주택분양권 주택 수에 포함

'지방세법'상 1세대의 주택 수는 주택 취득일 현재 취득하는 주택을 포함해 1세대가 국내에 소유하는 주택, 조합원입주권, 주택분양권, 주거용 오피스텔의 수를 말한다. 이때 조합원입주권 또는 주택분양권에 의해 취득하는 주택의 경우에는 조합원입주권 또는 주택분양권의 취득일(분양사업자로부터 주택분양권을 취득하는 경우에는 분양계약일)을 기준으로 해당 주택 취득 시의 세대별 주택 수를 산정한다.

구분*	주택 수 포함 여부	시행일
조합원입주권	포함	2020.8.12. 이후부터 적용
주택분양권	포함	

* 조합원입주권과 주택분양권의 범위에 대해서는 제1장을 참조할 것

❷ 다른 주택의 중과 취득세율 결정원리

1) 중과세율 결정원리

주택을 유상취득한 경우에는 다음과 같은 세율이 적용된다.

구분	1주택	2주택	3주택	법인·4주택~
조정지역	1~3%	8%*	12%	12%
비조정지역	1~3%	1~3%	8%	12%

* 일시적 2주택은 1~3%가 적용됨.

> 🔁 주택분양권(조합원입주권)이 주택 수에 포함됨으로써 주택 수 증가를 불러일으키고, 그 결과 다른 주택의 취득세율이 증가되었다.

2) 일시적 2주택

위의 표에서 2주택자의 경우 신규주택이 조정지역 내에 소재하면 8%가 적용되지만, 일시적 2주택자는 1주택자에 준해 1~3%의 세율이 적용된다. 다만, 이 세율을 적용받기 위해서는 다음의 요건을 충족해야 한다.

- 종전주택과 신규주택이 모두 조정지역에 소재한 경우 : 신규주택 취득일로부터 3년(2022. 5.10.~2023. 1.12.은 2년) 이내에 종전주택을 처분
- 종전주택은 비조정지역, 신규주택은 조정지역에 소재한 경우 : 신규주택 취득일로부터 3년 이내에 종전주택을 처분
- 이 외에 신규주택이 비조정지역 내에 소재한 경우에는 3년 이내에 종전주택을 처분할 필요가 없음.

※ 주택분양권이 포함된 경우의 취득세 일시적 2주택 적용법

제2장에서 살펴보았듯이 조합원입주권이나 주택분양권이 있는 상태에서 신규주택에 대한 취득세를 8%가 아닌 1~3%로 내기 위해서는 일시적 2주택 기간* 내에 완공주택이나 신규주택 중 1채를 양도해야 한다.

* 일시적 2주택 기간은 조합원입주권이나 주택분양권에 의해 주택이 완성된 날(분양권은 잔금일)로부터 3년을 말한다.

❸ 주택분양권 주택완성 시 취득세율 결정원리

주택분양권이 주택으로 완성되고 잔금을 치르게 되면 등기를 해야 한다. 이때 취득세를 내야 하는데 유상취득에 해당되어 취득세율은 1~12%까지 적용된다.[64] 이때 세율은 다음의 기준에 따라 결정된다.

- 주택분양권을 당첨받은 경우 : 당첨계약일 현재의 주택 수를 기준으로 취득세율을 결정한다.
- 주택분양권을 매수하거나 증여받은 경우 : 주택분양권 취득일(잔금

---

64) 조합원입주권에 의해 완성된 주택은 원시취득에 해당되어 취득세율은 2.8%가 적용된다.

일, 증여일) 현재의 주택 수를 기준으로 취득세율을 결정한다.

☞ 분양받은 주택이 완성되어 취득세를 낼 때에는 주택분양권 취득일(계약일) 현재의 주택 수에 따라 취득세율이 1~12%가 적용됨에 다시 한번 유의하기 바란다(원래 취득세는 주택의 취득시점을 기준으로 결정되는 것이 타당하다. 입법적인 개선이 필요해 보인다).

Tip │ **주택분양권이 포함된 경우의 취득세 일시적 2주택 적용방법** ≫

2020년 8월 12일 이후 취득한 주택분양권도 취득세에서 주택 수에 포함되고 있는데, 이와 관련해 일시적 2주택 취득세 적용방법을 정리해보자.

1. 분양권으로 취득한 경우의 주택 수 판단(지령 제28조의4)

"분양권취득일(잔금일, 청약당첨은 분양권계약일) 현재"를 기준으로 아래의 것을 주택 수에 합산한다.
- 당해 분양권
- 조합원입주권
- (종전)주택
- 주거용 오피스텔

2. 일시적 2주택 취득세율 적용(지령 제28조의5)

분양권에 의해 주택을 취득한 날(잔금일을 말한다)로부터 3년 내에 종전주택이나 신규주택 중 1채를 양도한다(둘 중 한 채만 양도하면 완공주택에 대해서는 일반세율 적용). 참고로 일시적 2주택 상태에서 추가로 1주택을 취득한 경우 분양주택의 취득일 현재 3주택이 되므로 분양주택에 대해서는 일시적 2주택이 성립되지 않는다고 한다. 따라서 이 경우 분양주택에 대해 8%의 중과세율이 적용된다. 하지만 저자는 이러한 해석에 절대 동의하지 않는다(저자의 카페로 문의하기 바란다).

주택분양권과
양도세 쟁점

주택분양권은 조합원입주권과는 달리 주택공급계약에 따라 취득한 권리에 해당한다. 따라서 그동안 조합원입주권과 구분해 '소득세법'을 적용했지만, 2020년 7·10 대책에 따라 주택분양권도 주택 수에 포함해 조합원입주권과 같은 식으로 '소득세법'을 적용하기에 이르렀다.[65] 이에 따라 다양한 곳에서 쟁점들이 발생하고 있다. 이하에서는 이와 관련된 쟁점들을 살펴보자.

---

65) 단, 일부에서 차이가 있다. 소령 제156조의2 제5항(사업시행 중 대체주택 비과세)은 주택분양권에 대해서는 적용되지 않는다.

❶ 주택분양권 주택 수 산입과 취득시기

1) 주택 수 산입

2021년 1월 1일부터 취득한 주택분양권은 '소득세법'상 다른 주택의 비과세와 중과세 판단 시 주택 수에 포함한다. '지방세법'상 주택 수 산입은 2020년 8월 12일 이후의 취득분부터 적용한다.

구분	'소득세법'상 주택분양권	'지방세법'상 주택분양권
주택 수 산입 대상	2021.1.1. 이후 취득분	2020.8.12. 이후 취득분

따라서 다른 주택에 대한 비과세와 중과세 판단 시에는 주택분양권(조합원입주권) 등을 포함해야 한다는 점에 유의해야 한다.[66] 참고로 2020년 12월 31일 전에 계약한 분양권을 공동명의로 변경하더라도 '소득세법'은 이를 주택 수에 포함시키지 않는다(서면법령해석재산-2021-918). 그런데 '지방세법'은 2020년 8월 12일 전에 계약한 분양권을 공동명의로 변경하면 이를 주택 수에 산입한다(물론 저자는 이러한 견해에 절대 동의하지 않는다).

2) 주택분양권 취득시기

주택분양권의 취득시기는 다음과 같다.

- 청약을 통해 취득한 경우 → 당첨일(취득세는 계약일)
- 전매를 통해 취득한 경우 → 잔금청산일

---

66) 조합원입주권에 대한 비과세('소득세법' 제89조 제1항 제4호)와 주택 보유 후 조합원입주권 취득 시의 일시적 2주택(소령 제156조의2 제3항 등)에서는 주택분양권을 주택 수로 포함하는 시기가 2022년 이후 취득분으로 되어 있다. 이는 입법이 누락되어 뒤늦게 포함된 것이므로 실무 적용 시에 주의하기 바란다(제4장을 참조하기 바란다).

❷ 주택분양권과 양도세 비과세 쟁점

1) 1세대 1주택 비과세

주택분양권은 주택으로 사용한 적이 없으므로 이를 양도 시 조합원 입주권처럼 비과세 혜택이 없다.

구분	주택분양권	조합원입주권
해당 권리의 양도	비과세 불가능	비과세 가능

따라서 주택분양권에 대한 양도세 비과세를 받기 위해서는 주택으로 취득이 되어야 한다.[67]

2) 주택분양권과 일시적 2주택

2021년 1월 1일 이후부터 주택분양권이 주택 수에 포함되면서 주택에 대한 비과세 받기가 다소 까다롭게 변했다. 이 부분에서 다양한 쟁점들이 발생하고 있으므로 주의해야 한다.

① 선주택 취득, 후주택분양권 취득

이 경우 일시적 2주택에 해당하는 비과세 규정을 적용한다. 이에는 2가지의 유형이 있다(소령 제156조의3 제2항과 제3항[68]).

• 일시적 2주택으로 3년 이내 주택을 처분하는 방법

---

67) 원칙적으로 비과세를 받기 위해서는 양도일 현재 2년 보유 및 2년 거주요건을 갖춰야 한다. 참고로 2년 거주요건은 2017년 8월 3일 이후 조정지역에서 취득한 주택에 한해 적용한다. 조정지역으로 고시되기 전에 분양권 계약을 한 경우에는 무주택세대에 한해 거주요건을 적용하지 않는다.

68) 제3항은 제2항을 적용받지 못할 때 이에 대한 특례를 정하고 있다(실수요자에 대한 배려). 이에 대한 내용은 뒤에서 자세히 검토할 것이다.

- 일시적 2주택으로 3년 후에 주택을 처분하는 방법(이 경우 실거주요건 등이 추가됨)

② 선주택분양권 취득, 후주택 취득

이에 대해서는 비과세를 지원하지 않는다.

☞ 2020년 12월 31일 전에 취득한 주택분양권이 있는 경우의 일시적 2주택 비과세에 대해서는 뒤에 나오는 '심층분석'에서 별도로 살펴보자.

③ 주택분양권과 양도세 과세 쟁점

1) 주택분양권 양도세율

주택분양권을 양도하면 다음과 같이 세율이 적용된다.

- 1년 미만 보유 : 70%
- 1년 이상 보유 : 60%

2) 주택분양권 외 다른 주택에 대한 양도세 중과세율

2021년 1월 1일 이후부터 조정지역에 소재하는 주택 양도 시 양도세 중과를 위한 주택 수 계산에 주택분양권도 포함된다. 다만, 주택 수에 포함되는 주택분양권은 규제지역[69]은 무조건 포함되며, 비규제지역은 분양 시의 공급가격이 3억 원을 초과해야 한다.

---

69) 규제지역은 서울·수도권·광역시·세종시(읍·면지역 제외)를 말한다. 주택 중과세제도에 대해서는 저자의 다른 책(《양도소득세 세무리스크 관리노하우》 등)을 참조하기 바란다).

주택 보유 중 2021년 이후에 주택분양권 취득 시의 일시적 2주택 비과세

주택을 보유 중에 2021년 이후에 주택분양권을 취득하면 일시적 2주택이 될 수 있다. 이 경우 주택에 대한 양도세 비과세는 2가지 방법에 의해 받을 수 있다. 이하에서 이에 대해 알아보자.

❶ 주택분양권 취득 후 3년 이내에 주택을 양도하는 경우

소령 제156조의3 제2항에서는 "주택과 주택분양권을 소유한 경우 1세대 1주택 특례제도(2021.2.17. 신설)"를 다음과 같이 두고 있다. 참고로 여기서 주택분양권은 '소득세법' 제88조 제10호에서 정의된 것을 말한다.

② 국내에 1주택을 소유한 1세대가 그 주택(이하 이 항에서 "종전주택"이라 한다)을 양도하기 전에 주택분양권을 취득함으로써 일시적으로 1주택과 1주택분양권을 소유하게 된 경우 종전주택을 취득한 날부터 1년 이상이 지난 후에 주택분양권을 취득하고, 그 주택분양권을 취득한 날부터 3년 이내에 종전주택을 양도하는 경우(3년 이내에 양도하지 못하는 경우로서 기획재정부령으로 정하는 사유에 해당하는 경우를 포함한다)에는 이를 1세대 1주택으로 보아 제154조 제1항을 적용한다. 이 경우 같은 항 제1호, 제2호 가목 및 제3호*에 해당하는 경우에는 종전주택을 취득한 날부터 1년 이상이 지난 후 주택분양권을 취득하는 요건을 적용하지 않는다.(2021.2.17. 신설)

* 수용, 근무상 형편 등의 사유 발생 시 2년 보유 및 거주요건을 적용하지 않는 경우를 말한다.

위의 내용을 조금 더 알아보면 다음과 같다.

첫째, 이 규정은 1주택 보유 중에 주택분양권을 2021년 이후에 취득한 경우의 일시적 2주택에 대한 비과세에 관한 것이다.

둘째, 이 경우 종전주택을 취득한 날부터 1년 이상이 지난 후에 주택분양권을 취득하고, 그 주택분양권을 취득한 날부터 원칙적으로 3년 이내에 종전주택을 양도해야 한다.

☞ 주택분양권을 취득한 경우의 일시적 2주택 허용기간은 원칙적으로 "주택분양권 취득일(당첨일 등)"로부터 "3년"이 주어진다.

셋째, 이 개정규정은 부칙(대통령령 제31442호)에 따라 2021년 1월 1일 이후 취득한 주택분양권부터 적용한다.

🔟 2020년 12월 31일 전에 계약한 주택분양권의 경우에는 종전의
　규정을 따라간다. 이에 대해서는 이 장의 '심층분석'에서 별도로
　살펴보자.

② 주택분양권 취득 후 3년 후에 주택을 양도하는 경우

소령 제156조의3 제3항은 제2항처럼 "3년 이내"에 양도하지 못한
경우에 특례제도에 해당한다.

1) 제3항 분석

③ 국내에 1주택을 소유한 1세대가 그 주택(이하 이 항에서 "종전주택"이라 한다)을 양도
　하기 전에 주택분양권을 취득함으로써 일시적으로 1주택과 1주택분양권을 소유
　하게 된 경우 종전주택을 취득한 날부터 1년이 지난 후에 주택분양권을 취득하고
　그 주택분양권을 취득한 날부터 3년이 지나 종전주택을 양도하는 경우로서 다음
　각 호의 요건을 모두 갖춘 때에는 이를 1세대 1주택으로 보아 제154조 제1항을
　적용한다. 이 경우 제154조 제1항 제1호, 같은 항 제2호 가목 및 같은 항 제3호에
　해당하는 경우에는 종전주택을 취득한 날부터 1년이 지난 후 주택분양권을 취득
　하는 요건을 적용하지 않는다.(2022.2.15 개정)
　1. 주택분양권에 따라 취득하는 주택이 완성된 후 3년 이내에 그 주택으로 세대
　　전원이 이사(기획재정부령으로 정하는 취학, 근무상의 형편, 질병의 요양 그 밖의 부득
　　이한 사유로 세대의 구성원 중 일부가 이사하지 못하는 경우를 포함한다)하여 1년 이
　　상 계속하여 거주할 것(2023.02.28. 개정)
　2. 주택분양권에 따라 취득하는 주택이 완성되기 전 또는 완성된 후 3년 이내에
　　종전의 주택을 양도할 것(2023.02.28. 개정)

위의 내용을 조금 더 알아보면 다음과 같다.

첫째, 이 규정은 일시적 2주택 처분기한인 3년을 경과했을 때 적용되는 일종의 비과세 특례제도에 해당한다.

둘째, 이 규정에 의해 비과세를 받기 위해서는 실거주요건이 추가된다(위의 제1호와 제2호 참조).

셋째, 본문 중 "1년이 지난 후에 주택분양권을 취득하고"의 규정은 2022년 2월 15일에 포함되었다. 따라서 이날 전에 취득한 주택분양권의 경우에는 이 규정이 적용되지 않는다(아래 부칙 참조). 입법상 미스가 발생한 부분을 보완한 것으로 보인다.

'소득세법'시행령 부칙 [대통령령 제32420호]

제12조【주택과 조합원입주권 또는 주택분양권을 소유한 경우의 1세대 1주택 특례에 관한 경과조치】

이 영 시행 전에 조합원입주권 또는 주택분양권을 취득한 경우의 1세대 1주택 특례 적용에 관하여는 제156조의2 제4항 각 호 외의 부분 또는 제156조의3 제3항 각 호 외의 부분의 개정규정에도 불구하고 종전의 규정에 따른다.

---

③ 적용 사례

사례를 통해 위의 내용을 확인해보자.

자료 >>

- 현재 1주택 보유자에 해당함(10년 전에 취득, 종전주택에 해당).
- 주택분양권을 1개 보유 중에 있음.

Q1 앞의 주택분양권이 2020년에 취득한 것이라면 종전주택은 언제 양도해야 비과세를 받는가?

2020년에 취득한 주택분양권은 주택 수에 미산입되므로 분양주택을 취득한 날로부터 3년 이내에 종전주택을 양도해야 한다.

- 분양주택을 취득한 날 : 잔금청산일(준 공전 잔금청산 시는 준공일)
- 일시적 2주택 중복허용 기간 : 신규주택의 취득일로부터 3년
  (2023.1.12. 이후는 지역불문 무조건 3년을 적용함)

Q2 앞의 주택분양권이 2022년에 취득한 것이라면 종전주택은 언제 양도해야 비과세를 받는가?

2022년에 취득한 주택분양권은 주택 수에 산입되므로 주택분양권을 취득한 날로부터 3년 이내에 양도해야 한다(3년 경과 후에는 실거주요건을 충족하면 비과세 특례가 적용됨).

Q3 만약 2021년 1월 1일 이후에 선주택분양권 취득 후 주택을 취득한 경우(위 제2항의 역순)에는 비과세가 적용될까?

그렇지 않다. 위의 경우 비과세 규정을 적용하지 않기 때문이다. 즉 현행 세법은 주택을 보유 중에 분양권을 취득한 경우 일시적 2주택 비과세 혜택을 부여하나, 사례처럼 분양권 보유 중에 주택을 취득한 경우에는 이러한 혜택을 부여하고 있지 않다(형평성 차원에서 문제가 있지만 법이 그러하니 따를 수 밖에 없을 것으로 보인다). 주의하기 바란다.

2021.1.1. 이후 1세대가 A주택분양권을 취득하고 B조합원입주권을 추가로 취득해 일시적으로 1주택분양권과 1조합원입주권을 소유하게 된 경우로서 이후 완공된 A주택을 양도하는 경우, 소령(2022.2.15. 대통령령 제32420호로 개정되기 전의 것) 제156조의2 제3항 및 같은 조 제4항의 국내에 1주택을 소유한 1세대가 조합원입주권을 취득한 경우에 해당하지 않으므로 해당 규정에 따른 1세대 1주택의 특례를 적용받을 수 없는 것이며, 이 경우 같은 영 제156조의3 제2항 및 같은 조 제3항의 일시적으로 1주택과 1주택분양권을 소유하게 된 경우에도 해당하지 않으므로 동 규정 또한 적용받을 수 없다.

주택분양권의 증여와
부담부증여

주택분양권을 양도가 아닌 증여를 하는 경우에도 세무상 쟁점들이 발생한다. 이하에서 이에 대해 간략히 정리해보자.

① 주택분양권의 증여

주택분양권을 증여할 때는 먼저 증여가액을 제대로 파악해야 한다. 상증법은 다음과 같이 증여가액을 파악하도록 하고 있다.

1) 원칙

부동산이나 권리에 대한 증여가액은 원칙적으로 시가로 한다. 통상 시가는 불입한 금액과 프리미엄의 합계액으로 구성된다.

2) 예외

해당 증여재산이 거래가 되지 않는 경우에는 시장에서 시가를 발견하기가 힘들다. 그래서 세법은 이러한 상황에서는 간접적인 방법을 동원해 평가기간 내에 "감정가액 → 매매사례가액 → 기준시가"등의 순으로 증여가액을 찾아내고 있다. 위에서 평가기간은 다음과 같다.

- 해당 증여재산 → 증여일 전 6개월부터 증여일 후 3개월 이내에 해당 증여재산에 대한 매매가액이나 감정평가액 등이 있으면 이 금액이 증여가액이 된다.
- 유사한 재산 → 증여일 전 6개월부터 증여세 신고기간 내에 해당 증여재산과 유사한 재산*한 재산이 거래된 경우 해당금액이 시가에 해당함.

    * 아파트 주택분양권의 경우 증여재산과 면적과 기준시가가 ± 5% 이내에 있는 것이 유사한 재산에 해당함(국토교통부 실거래가신고 메뉴 등에서 매매사례가액을 찾을 수 있다).

❷ 부담부증여

증여 대상인 주택분양권에 대출금이 포함되어 있는 경우에는 대출금의 승계 여부에 따라 양도세와 증여세가 동시에 발생할 수 있으므로 주의해야 한다.

1) 대출을 승계받은 경우

전체 증여가액에서 수증자가 승계받은 대출금은 양도에 해당하고 나머지는 증여에 해당한다(이를 '부담부증여'라고 한다). 따라서 이 경우 다음과 같은 세금관계가 형성된다.

- 대출금 : 증여자에게 양도세 부과
- 대출금 제외한 증여분 : 수증자에게 증여세 부과

 프리미엄이 많이 형성된 상태에서 부담부증여를 선택하게 되면 양도세가 크게 나올 수 있다. 주택분양권의 양도세율은 70% 아니면 60%가 적용되기 때문이다. 따라서 이 경우에는 부담부증여를 하면 손해를 볼 수 있다.

2) 대출을 승계받지 않은 경우

전체 증여재산가액에 대해서만 증여세가 부과된다.

Tip · 증여재산공제와 증여세율 »

① 증여재산공제
- 배우자로부터 증여받은 경우 : 10년간 6억 원
- 성년자가 직계존속으로부터 증여받은 경우 : 10년간 5,000만 원(2024년 이후부터 이와 별도로 혼인 증여공제 1억 원이 신설될 예정임)
- 미성년자가 직계존속으로부터 증여받은 경우 : 10년간 2,000만 원
- 기타 친족으로부터 증여받은 경우 : 10년간 1,000만 원

② 증여세율
10~50%의 5단계 누진세율이 적용된다.

2020년 12월 31일 전 주택분양권을 취득한 경우의 일시적 2주택 비과세 적용법

2020년 12월 31일 전까지 취득한 주택분양권은 주택 수에 산입되지 않고 보통 잔금청산일이 주택의 취득시기가 된다. 따라서 주택분양권을 먼저 취득한 후 주택을 취득하거나 주택분양권이 2개 등이 있는 경우, 주택의 취득시기에 맞춰 일시적 2주택 비과세를 받을 수 있다. 다만, 종전주택에 대한 일시적 2주택 처분기한이 2023년 1월 12일 이후부터 3년으로 통일되다 보니 종전보다 이에 대한 판단이 쉬워졌다. 이하에서 이에 대해 알아보자.

1. 일반적인 일시적 2주택 비과세 처분기한

일시적 2주택에 대한 비과세를 받기 위해서는 종전주택을 신규주택 취득일로부터 "3년" 내에 양도해야 한다. 하지만 규제지역인 조정지역 내의 일시적 2주택은 처분기한이 부동산 대책에 따라 "3년→2년→1년"으로 단축되다가 최근 1년짜리가 2년으로 그리고 2023년 1월 12일부터 3년으로 단일화되었다. 이러한 내용을 정리하면 다음과 같다.

신규주택 취득	종전 종전주택 처분기한 등	현행(개정)
• 2018.9.13. 전	• 3년 이내 처분	• 좌동
• 2018.9.14.~ 2019.12.16.	• 2년 이내 처분	• 좌동
• 2020.5.10.~ 2023.1.12.	• 1년 이내 처분 및 전입의무	• 2년 이내 처분(전입의무 삭제)
• 2023.1.12. 이후	• 2년 이내 처분	• 3년 이내 처분

2. 2021년 전에 주택분양권을 취득한 경우의 일시적 2주택 비과세 처분기한

1) 일시적 2주택 비과세 요건

일시적 2주택이 조정지역 내에 있는 경우에는 잔금청산일을 기준으로 종전주택과 신규주택을 판단하고, 일시적 2주택에 대한 비과세 요건을 따져보면 된다. 이를 요약하면 다음과 같다(단, 종전주택은 2023년 1월 12일 이후 양도한 것으로 가정한다).

- 신규주택은 종전주택 취득일(잔금)로부터 1년 후에 취득할 것
- 종전주택의 양도일 현재 2년 이상 보유 및 2년 거주할 것
- 종전주택을 신규주택 취득일(잔금)로부터 3년 이내에 양도할 것

> 🔖 참고로 신규주택의 계약시점에는 비조정지역이었지만 취득시점에 조정지역으로 변경된 경우 종전에는 변경된 상황에 따라 2년 또는 3년 등을 적용했지만, 2023년 1월 12일부터는 이러한 것과 관계없이 무조건 "3년"을 적용한다.

2) 주택분양권 외 주택을 보유한 경우의 일시적 2주택 처분기한

2021년 전에 취득한 주택분양권과 주택 또는 주택분양권 2개를 보유한 경우, 일시적 2주택 처분기한을 어떤 식으로 정할 것인지 알아보자. 특히 분양계약 시에는 비규제지역이었지만 잔금지급 시에 규제지역(조정지역)으로 변경된 경우에는 처분기한이 3년인지, 2년 등인지의 판단 여부가 중요하다. 이하에서는 2023년 1월 12

일 이후에 개정된 세법에 따라 분석해보자.

3) 종전주택이 있는 상태에서 주택분양권을 취득한 경우

사례를 통해 이 부분을 확인해보자.

> **자료 >>**
>
> - 2000년에 A주택(종전주택) 취득
> - 2020년에 B주택분양권 취득(잔금은 2023년 12월에 납부할 예정)

Q1 사례의 경우 주택 수는 몇 채인가?

'소득세법'상 주택 수는 1채에 해당한다.

Q2 이 경우 A주택을 주택분양권 보유 중에 양도하면 비과세를 받을 수 있는가?

그렇다. 1세대 1주택에 해당하기 때문이다.

Q3 B주택분양권이 주택으로 취득된 경우 일시적 2주택으로 비과세를 받을 수 있는가?

그렇다. 일시적 2주택에 해당하기 때문이다.

Q4 Q3에서 언제까지 양도해야 비과세가 적용되는가?

이 경우 2023년 1월 12일부터는 무조건 3년을 적용하므로 2023년 12월부터 3년 이내에 처분하면 되나, 그 전에는 종전주택과 신규주택이 모두 조정지역에 속하면 "신규주택(주택분양권 포함)의 계약일"을 기준으로 3년인지, 2년인지 등의 여부를 판정해야 했다

(아래 해석 참조).

종전주택 취득일	신규주택 취득일	처분기한
조정지역	조정지역	2년(신규주택 계약일에 비조정지역인 경우에는 3년임)[70]
조정지역	비조정지역	3년
비조정지역	조정지역	3년
비조정지역	비조정지역	3년

4) 종전주택이 없는 상태에서 주택분양권 계약을 한 경우

사례를 통해 이 부분을 확인해보자.

자료 >>

- 2020년에 A주택분양권 취득(잔금은 2023년 12월에 납부할 예정)
- 2022년 5월에 B주택을 취득

Q1 사례의 경우, 주택 수는 몇 채인가?

'소득세법'상 주택 수는 1채에 해당한다.

Q2 이 경우, B주택을 주택분양권 보유 중에 양도하면 1세대 1주택 비과세를 받을 수 있는가?

그렇다. 하지만 1세대 1주택으로 2년 이상 보유 등을 해야 하는데, 이 경우 주택분양권이 주택으로 완성되면 2주택이 되므로 이에 대한 비과세 여부를 별도로 판단해야 한다.

---

70) 2023년 9월 현재에는 이에 대한 검토가 필요없다.

Q3 A주택분양권이 완성된 경우 종전주택과 신규주택은 어떻게 구분되는가?

B주택이 종전주택이 되고, A주택분양권에 의해 취득한 주택이 신규주택이 된다.

Q4 A주택분양권이 주택으로 취득된 경우 일시적 2주택으로 비과세를 받을 수 있는가? 종전주택에서 2년 거주 등을 했다고 가정한다.

그렇다. 일시적 2주택에 해당하기 때문이다. 다만, 이때 요건을 확인해야 한다.

- 신규주택은 종전주택 취득일(잔금)로부터 1년 후에 취득할 것 → 사례는 해당됨(사례의 종전주택은 2022년 5월, 신규주택은 2023년 12월 취득).
- 종전주택의 양도일(잔금) 현재 2년 이상 보유 및 2년 거주할 것 → 사례는 해당됨.
- 종전주택을 신규주택 취득일(잔금)로부터 (   ) 내에 양도할 것 → 이 부분은 Q5에서 별도로 확인하도록 함.

Q5 Q4에서 언제까지 양도해야 비과세가 적용되는가?

이는 비과세 처분기한이 3년인지, 2년인지의 여부를 묻고 있다. 이 경우에도 현재는 3년을 적용하지만, 종전에는 종전주택과 신규주택이 모두 조정지역에 속하면 "종전주택의 취득일(잔금)"을 기준으로 3년인지, 2년인지 등의 여부를 판정해야 했다(아래 예규 참조).

종전주택 취득일	신규주택 취득일	처분기한
조정지역	조정지역	2년(종전주택 취득일*에 비조정지역인 경우에는 3년임)
조정지역	비조정지역	3년
비조정지역	조정지역	3년
비조정지역	비조정지역	3년

* 잔금청산일을 말함.

※ 기획재정부 재산세제과 – 512, 2021.5.25.

[제목] 종전주택 주택분양권 및 신규주택 주택분양권을 각각 2018.9.13. 전에 취득하고, 종전주택을 2018.9.14. 이후에 취득한 경우 일시적 2주택 허용기간

[요지] 조정지역에 소재한 종전주택 주택분양권과 신규주택 주택분양권을 각각 2018. 9.13. 전에 취득하고, 종전주택의 취득일이 2018.9.14.~ 2019.12.16. 사이인 경우 일시적 2주택 허용기간은 2년을 적용하는 것임.

[회신] 【질의】 조정지역에 소재한 종전주택 주택분양권과 신규주택 주택분양권을 각각 2018.9.13. 전에 취득하고, 종전주택의 취득일이 2018.9.14.~ 2019.12.16. 사이인 경우, 일시적 2주택 허용기간을 3년으로 볼지, 2년으로 볼지

(제1안) 일시적 2주택 허용기간은 3년임.

(제2안) 일시적 2주택 허용기간은 2년임.

【회신】 귀 질의의 경우 제2안이 타당함.*

* 별첨 : 세부 집행원칙(조정지역 내 일시적 2주택)

< 사실관계 >

• 2017년 9월 서울(조정지역) 소재 A주택분양권, B주택분양권 취득

• 2018년 12월 서울소재 종전주택(A주택) 취득(준공 및 잔금납부)

• 2020년 2월 서울소재 신규주택(B주택) 취득(준공 및 잔금납부)

◇ 소령에서는 주택과 주택분양권을 구분해서 규정하고 있으므로, 종전주택 유무에 따라 적용 방법이 달라짐에 유의해야 한다. 그런데, 아래 내용은 2023년 1월 12일 이후부터는 의미가 없어졌다. 일시적 2주택 처분기한이 3년으로 통일되었기 때문이다. 다만, 이날 전에 취득한 경우에는 이의 규정이 적용되기 때문에 이러한 상황에서는 유용한 정보가 될 수 있다.

Case 1 **종전주택이 있는 상태 → 신규주택(주택분양권 포함)계약**

□ (적용 대상) 종전주택과 신규주택(주택분양권 포함)이 신규주택(주택분양권 포함)의 "계약일 and 취득일"에 모두 조정지역 내 위치

　※ 종전주택과 신규주택(주택분양권 포함) 중 어느 하나라도 신규주택(주택분양권 포함)의 "계약일 또는 취득일"에 조정지역 내에 위치하지 아니한 경우 → 3년 적용

□ (적용 방법) "신규주택(주택분양권 포함)계약일"을 기준으로 일시적 2주택 허용기간 판정

　① 2018.9.13. 전 → 3년

　② 2018.9.14.~2019.12.16. 사이 → 2년

　③ 2019.12.17. 이후 → 1년(2022.5.10. 이후 양도분은 2년, 2023.1.12. 이후 양도분은 3년)

Case 2 **종전주택이 없는 상태 → 신규주택(주택분양권 포함)계약**

※ 주택분양권이 2개였던 경우도 이에 해당됨.

□ (적용 대상) 종전주택이 "종전주택 취득일 and 신규주택 취득일"에 조정지역 내에 위치하고, 신규주택(주택분양권 포함)이 신규주택(주택분양권 포함)의 "계약일 and 취득일"에 조정지역 내 위치

  ※ 종전주택이 "종전주택 취득일 또는 신규주택 취득일"에 조정지역 내에 위치하지 않거나, 신규주택(주택분양권 포함)이 신규주택(주택분양권 포함)의 "계약일 또는 취득일"에 조정지역 내에 위치하지 않은 경우 → 3년 적용

□ (적용 방법) "종전주택 취득시점"을 기준으로 일시적 2주택 허용기간 판정

  ※ 주택분양권이 2개였던 경우에는 둘 중 하나가 먼저 주택이 되는 시점을 의미

    ① 2018.9.13. 전 → 3년

    ② 2018.9.14.~2019.12.16. 사이 → 2년

    ③ 2019.12.17. 이후 → 1년(2022.5.10. 이후 양도분은 2년, 2023.1.12. 이후 양도분은 3년)

제9장

지역·직장주택조합과
세무상 쟁점

지역·직장주택조합원과 세무상 쟁점

　지역·직장주택조합은 '주택법'에 따라 설립된 조합으로 앞에서 살펴본 '도정법' 등의 재건축·재개발 정비 사업조합 등과는 세법상 결이 다르다. 알다시피 세법은 '도정법' 및 '소규모주택법'상의 조합원이 보유한 조합원입주권에 대해서만 양도세 비과세 혜택을 부여하고, 그 밖의 조합원이 가지고 있는 조합원입주권(사실상 주택분양권에 해당)에 대해서는 이러한 혜택을 부여하고 있지 않다. 이하에서는 지역·지역주택조합원과 관련된 세무상 쟁점을 정리해보고 자세한 것은 순차적으로 알아보자.

❶ 주택조합에 대한 정의

　현행 '주택법' 제2조 제11호에서는 "주택조합"에 대해 다음과 같이 정의하고 있다.

11. "주택조합"이란 많은 수의 구성원이 제15조에 따른 사업계획의 승인을 받아 주택을 마련하거나 제66조에 따라 리모델링하기 위하여 결성하는 다음 각 목의 조합을 말한다.

　가. **지역주택조합** : 다음 구분에 따른 지역에 거주하는 주민이 주택을 마련하기 위하여 설립한 조합

　　1) 서울특별시·인천광역시 및 경기도

　　2) 대전광역시·충청남도 및 세종특별자치시 등

　나. **직장주택조합** : 같은 직장의 근로자가 주택을 마련하기 위하여 설립한 조합

　다. **리모델링주택조합** : 공동주택의 소유자가 그 주택을 리모델링하기 위하여 설립한 조합

지역주택조합의 사업 방식은 통상 조합이 조합원이 낸 자금으로 토지를 매수하고 사업을 진행하게 된다. 이러한 이유로 조합원이 토지 등을 조합에 넘길 때 바로 양도세 과세문제가 발생한다.

② 주택조합원의 지위와 권리의 구분

1) 주택조합원의 지위

위 주택조합에 금전 등을 출자한 자를 조합원이라고 한다. 참고로 '주택법'상 조합원은 원조합원과 승계조합원의 구분 실익이 없다. 원조합원과 승계조합원을 구분해서 세제를 적용하지 않기 때문이다.

2) 지역주택조합원 권리의 구분

지역주택조합원이 보유한 권리는 세법상 다음과 같이 구분된다.

구분	'소득세법'	'지방세법'
지역주택조합	주택분양권	–*
직장주택조합	주택분양권	–*
리모델링주택조합	주택	주택

* '주택법' 등에 따라 조합원이 보유한 권리는 '지방세법'상 입주권도, 분양권도 아니다. 따라서 주택 수에 산입되지 않는다. 이에 대한 쟁점 분석은 제1장 '심층분석'을 참조하기 바란다.

③ 주택조합과 세무상 쟁점

주택조합과 관련된 세무상 쟁점을 세목별로 정리해보자.

1) 취득세

- 조합이 토지를 취득할 때 : 취득가액의 4.6%의 취득세를 내야 한다(이에 대한 세금은 조합원 분담금에 포함된다).
- 조합원지위를 승계받을 때 : 토지 취득가액의 4.6%의 취득세를 내야 한다.
- 조합아파트가 완공된 때 : 건물에 대한 보존등기 시에 원시취득에 따른 2.8%의 취득세를 내야 한다.
- 다른 주택의 취득세율을 결정할 때 해당 권리(주택분양권)는 주택 수에 포함된다(2020년 8월 12일 이후 취득분). 다만, 조합원이 보유한 입주권은 주택분양권에서 제외해 주택 수에 포함하지 않는 식으로 해석하고 있다.

2) 보유세

- 공사 중에 있는 토지에 대해서는 재산세가 분리과세된다(조합이 조

합원을 대신해서 납부하지만 부담자는 조합원임).

- 재산세가 분리과세가 되면 종부세는 과세되지 않는다.

3) 양도세

① 비과세 관련

- 만일 조합원이 기존주택을 조합에 현물출자하면 이는 양도에 해당되어 현물출자 시에 양도세가 과세 또는 비과세가 된다.
- 조합원이 보유한 권리는 주택으로 보유한 기간이 없으므로 이를 양도 시 비과세는 불가능하다.
- 조합원이 보유한 권리(분양권)는 향후 주택 취득일로부터 2년 이상 보유한 후에 양도해야 비과세가 적용된다. 여기서 취득일은 준공일을 말한다.
- 조합원이 1주택을 보유 중에 위 권리(분양권)를 취득하면 일시적 2주택이 된다. 이 경우 일시적 2주택으로 보아 주택에 대한 비과세(3년 이내 처분)를 적용한다(소령 제156조의3 제2항, 유권해석 확인요망). 참고로 위 권리의 취득시기는 다음과 같다.

※ 기획재정부재산-40, 2022.1.7.

'주택법' 제2조 제11호 가목에 따른 지역주택조합의 조합원의 지위는 같은 법 제15조에 따른 <u>사업계획승인일 이후에 한하여</u> 소령 제155조 제1항 제2호에 따른 신규주택을 취득할 수 있는 권리에 해당하는 것임.

☞ 사업계획승인일 전에 주택조합과 계약을 하는 것은 세법상 아무런 의미가 없다. 계약취소가 자주 일어나기 때문이다. 따라서 위 예규처럼 "사업계획승인일 이후"에 권리를 보유하고 있는 경우에 한해 신규주택을 취득할 수 있는 권리(분양권)로 보고 세법이 관여

하게 된다.

② 과세 관련

지역주택조합원이 보유한 권리를 양도하면 주택분양권에 대한 과세
방식이 동원된다.

- 1년 미만 보유 후 양도하면 70%, 1년 이상 보유하면 60%의 세율
  이 적용된다.

※ '도정법'과 '주택법'상 조합원의 세제 비교

구분	'도정법'상의 조합원	'주택법'상의 조합원
조합에의 현물출자 양도 해당 여부	양도 아님(환지처분).	양도에 해당함(현물출자).
현물출자 시 양도세 과세 여부	과세되지 않음.	과세됨.
현물출자에 대한 대가	조합원입주권과 청산금	조합원입주권 ('소득세법'상 주택분양권*)
조합원입주권 비과세 적용 여부	가능	불가능
완공주택 보유기간	당초 취득일~양도일	준공일~양도일

* 단, '지방세법'은 조합원이 보유한 입주권은 주택 수에 산입하지 않음.

주택조합에 현물출자 시의 비과세와 과세 여부

지역주택조합에 참여하는 조합원은 대부분 현금을 출자하는 것이 일반적이다. 그런데 일부는 토지를 조합에 출자하는 경우도 있다. 물론 그 대가로 대물(권리)을 받는다. 그렇다면 이 경우 양도세는 어떻게 과세될까?

❶ 비과세가 적용되는 경우

지역주택조합에 현물출자하는 것은 유상양도에 해당하므로 현물출자일을 기준으로 양도세 비과세나 과세 판단을 해야 한다. 이 경우, 비과세가 가능한 경우는 다음과 같다.

1) 1세대 1주택에 해당하는 경우

양도일(현물출자일) 당시에 1세대 1주택으로 2년 보유 등의 요건을 충족한 경우에는 양도세 비과세를 받을 수 있다. 한편 현물출자로 받은 분양권에 대해서도 향후 완공 시 1세대 1주택으로 비과세가 적용될 수 있는데, 이때 취득시기는 완공 전에 잔금이 청산되었으므로 자가신축에 대한 취득시기, 즉 준공일을 적용해야 할 것으로 보인다. 여기서 준공일은 사용검사필증 교부일이나 임시사용승인일, 실지사용일 중 빠른 날로 한다.

2) 일시적 2주택에 해당하는 경우

1주택을 보유 중에 주택조합원의 지위(주택분양권)를 취득한 경우 주택분양권 취득일[71]로부터 3년 이내에 종전주택을 양도하거나, 3년 후 경과한 경우에는 실거주 요건을 갖추면 비과세 특례를 받을 수 있을 것으로 보인다(소령 제156조의3). 이는 제8장 주택분양권 비과세제도에서 살펴본 것과 같은 방식에 해당한다(단, 저자 의견이므로 최종 유권해석을 통해 확인하기 바란다).

> **Q** A아파트 보유 중에 다음과 같이 지역주택조합 입주권을 계약한 경우 A아파트에 대한 비과세 요건은?

자료 >>
• 계약일 : 2022년 3월 • 사업계획승인일 : 2022년 6월 • 준공일 : 2024년 6월

---

71) 여기서 취득일은 "사업계획승인일"을 말하는 것으로 판단된다(유권해석 확인요).

2021년 1월 1일부터 분양권도 주택 수에 포함되므로 이 경우 A아파트에 대해서는 일시적 2주택(3년 이내, 3년 후)으로 비과세를 받아야 한다. 따라서 지역주택조합원의 분양권 취득시기는 "사업계획승인일"이므로 2022년 6월부터 3년 이내에 A아파트를 양도하거나 3년 후에는 실거주요건을 갖춰 양도하면 비과세를 받을 수 있다.

📍 참고로 2021년 1월 1일 전에 사업계획승인을 받은 지역주택조합의 분양권과 주택을 보유한 경우의 일시적 2주택 적용 방법은 제8장 '심층분석'에서 본 것과 같다. 아래 예규를 참조하기 바란다.

※ 서면부동산 2022-1677(2022.4.15.)

제목 : 지역주택조합 조합원이 종전주택을 양도하는 경우 일시적 2주택 허용기간

요지 : 종전주택이 없는 상태에서 신규주택을 취득할 수 있는 권리를 취득한 경우의 일시적 2주택 허용기간 판정은 기존해석(기획재정부 재산세제과-512, 2021.5.25)의 별첨 '세부 집행원칙'에 따름(281페이지 참조).

❷ 양도세가 과세되는 경우

현물출자일 당시에 비과세 요건을 갖추지 못한 경우에는 양도세가 과세된다. 과세 방식은 주택과 기타 부동산으로 나눠 이들에 대한 세제를 그대로 적용하면 된다.

<사례>

A씨는 거주 중인 주택(부수토지 포함)을 대물(조합주택 준공 후)로 받기로 하고, 지역주택조합설립추진위원회에 소유권(등기목적 : 소유권 전, 등기원인 : 매매)을 넘겼다. 위 추진위는 동일 주택을 신탁회사로 신탁등기(등기목적 : 소유권 전, 등기원인 : 신탁)를 했을 때 당초 거주했던 A씨의 주택에 대해 양도세가 과세될까(향후 대물로 받기로 하고 계약금 등 일체의 대금은 받지 않음)?

이 경우 양도세 과세 대상에 해당된다. 이에 대한 근거는 아래 심판례를 참조하자.

※ 심판례 : 조심2017서601(2017.3.6)

청구인은 지역주택조합에 현물출자한 쟁점 부동산이 '도정법'에 따른 재건축 사업의 환지에 해당되어 양도세 과세 대상에 해당하지 않는다고 주장하나, 거주자가 조합에 현물출자한 자산은 조합원의 합유로 되고 등기와 관계없이 현물출자한 날 또는 등기접수일 중 빠른 날에 당해 자산이 유상으로 양도된 것으로 보아 양도세가 과세되는 것인 점, 청구인이 쟁점주택조합에 현물출자한 쟁점 부동산은 '주택법' 제16조 및 같은 법 시행령 제15조에 의해 사업계획승인을 받은 주택건설사업임이 OOO에서 확인되는 점, 쟁점주택조합은 '도정법' 제28조에 의한 사업시행인가를 받은 것이 아닌 '주택법' 제16조에 의한 사업계획승인을 받은 사업으로, '주택법'에 의한 주택건설사업은 환지처분 방식의 '도정법'에 의한 주택재건축 사업과는 구별되는 점 등에 비추어 청구 주장을 받아들이기 어렵다고 판단된다.

지역주택조합원 지위의
양도와 과세

지역주택조합원의 지위를 양도하면 양도세가 과세된다. 다만, 이러한 지위는 세법상 조합원입주권이 아니라 주택분양권으로 취급하므로 '도정법'상의 조합원의 지위와는 구분해야 한다. 이하에서 이에 대해 좀 더 자세히 알아보자.

❶ 과세 대상

주택조합원의 입주자의 권리는 양도세 과세 대상인 부동산을 취득할 수 있는 권리에 해당한다. 다만, 이 권리가 '소득세법'상 조합원입주권인지, 주택분양권인지의 여부에 따라 적용되는 세율 등이 달라지는데, '소득세법' 제88조에서는 '주택법' 등에 따라 공급되는 권리는 분양권으로 취급하고 있다(서면법규재산-2021-4466, 2022, 2.11. 등 참조).

② 양도차익의 계산

양도차익은 앞의 권리의 양도가액에서 취득가액을 차감해 계산한다.

③ 장특공제

장특공제는 주택으로서의 보유기간이 없으므로 적용하지 않는다.

④ 세율

'소득세법' 제4조 제1항에서는 주택과 조합원입주권, 주택분양권에 대해 다음과 같이 양도세율을 정하고 있다.

구분	주택	조합원입주권	주택분양권
1년 미만 보유	70%	좌동	좌동
1~2년 미만 보유	60%	좌동	60%
2년 이상 보유	6~45%	좌동	

조합원입주권과 주택분양권은 '소득세법' 제88조에 정의되어 있는 것을 말한다. 이에 대해서는 제1장을 참조하기 바란다.

조합아파트 완공과
세무상 쟁점

조합아파트가 완공될 때 세무상 쟁점을 정리해보자. 참고로 조합아파트는 '도정법'상의 완공주택에 비해 세무상 쟁점이 다소 덜한 편이다.

❶ 취득세

1) 취득시기

조합아파트는 '지방세법'상 원시취득에 해당하므로 준공일이 취득시기가 된다. 따라서 이 조합아파트는 자가신축에 해당되어 사용검사필증교부일이나, 임시사용승인일, 실지사용일 중 빠른 날이 취득시기가 된다(지령 제20조 제6항).

2) 취득세율

원시취득에 해당하므로 취득세율은 2.8%가 적용된다.

❷ 보유세

주택이 완공되면 소유자의 주택 수에 포함되어 재산세와 종부세가 부과될 수 있다.

❸ 양도세

1) 비과세

준공일을 기준으로 주택을 취득하게 되며, 이날을 기준으로 2년 이상 보유하면 1세대 1주택 비과세를 받을 수 있다. 참고로 2017년 8월 3일 이후부터 조정지역에서 주택을 취득하면 2년 거주요건이 추가된다. 다만, 무주택 상태에서 조정지역으로 지정되기 전에 계약한 경우에는 거주요건을 적용하지 않으나, 지역주택조합의 경우 "계약" 사실은 중요하지 않으므로 이 규정을 적용하지 않는다.[72] 다음의 예규를 참조하기 바란다.

---

72) 이 경우 계약일이 아닌 "사업계획승인일"을 기준으로 이 규정을 적용하는 것이 타당해 보인다. 즉 조정지역으로 고시되기 전에 사업계획승인이 되었다면 무주택 상태에서는 거주요건을 적용하지 않는다는 것이다(단, 최종 유권해석을 통해 확인하기 바란다).

※ 사전-2021-법령해석재산-0120, 2021.5.28

조정지역의 공고가 있은 날 전에 지역주택조합의 조합가입계약 체결 및 계약금을 납부한 후 신규주택을 취득한 경우는 소령 제155조 제1항 제2호의 "신규주택을 취득하기 위해 매매계약을 체결하고 계약금을 지급한 사실이 증명서류에 의해 확인되는 경우"에 해당하지 아니하는 것임.

2) 과세

완공 후 해당 주택을 양도할 때 과세되면 주택에 대한 세제가 적용된다.

주택리모델링 사업과 세무상 쟁점 분석

'주택법'에 의해 진행되는 주택리모델링 사업과 관련된 세무상 쟁점을 세목별로 간략히 정리해보자.

1. 취득세

주택리모델링 사업에 의해 주택이 개수되거나 면적 등이 늘어날 수 있다. 이에 대해 취득세는 어떤 식으로 과세될까?

구분	취득개념	세율	과세표준
기존면적분	대수선[73]	• 85㎡ 이하 : 2% • 85㎡ 초과 : 2.2%	기존면적×평당공사비
증축면적분	원시취득	• 85㎡ 이하 : 2.96% • 85㎡ 초과 : 3.16%	증축면적×평당공사비

👉 참고로 사업에 동의하지 않는 경우 조합법인에 매도청구 시 이때 주택에 대한 취득세율은 중과세율이 아닌 일반세율이 적용된다(지령 제28조의2 제8호 참조).

---

73) "대수선"이란 건축물의 기둥, 보, 내력벽, 주계단 등의 구조나 외부 형태를 수선·변경하거나 증설하는 것으로서 대통령령으로 정하는 것을 말한다(건축법 시행령 제3조의2 참조). 참고로 대수선에 해당하지 않는 공동주택의 개수로써 시가표준액이 9억 원 이하인 주택에 대해서는 취득세가 비과세된다('지방세법' 제9조 제6항).

2. 보유세

재산세의 경우 주택이 있는 것으로 보아 과세되고 있다. 이러한 조치는 '도정법'과는 차이가 있으므로 입법적인 개선이 요구된다.

3. 양도세 비과세

1) 1세대 1주택 보유 및 거주기간

리모델링 중에 있는 주택은 완전히 철거되어 있지 않으므로 주택을 보유한 것으로 본다. 따라서 앞에서 본 '도정법'상의 조합원입주권이나 기타 법에 따른 주택분양권에 따른 세제가 적용되지 않는다. 따라서 공동주택의 리모델링의 경우, 소령 제154조 제1항(1세대 1주택의 범위)에서 정하는 보유기간의 계산은 건물의 증축·개축 등과 같이 리모델링 전·진행 중(사업기간)·리모델링 후의 보유기간을 통산하는 것이며, 거주기간의 계산에 있어 리모델링 사업기간 중의 실제 거주한 기간은 포함되는 것이나, 실제 거주하지 않은 기간은 제외된다.

2) 일시적 2주택 비과세

리모델링된 주택은 리모델링기간 중에 주택이 멸실되지 아니한 것이므로 멸실 후 새롭게 건축된 건물이라 할 수 없는 바, 리모델링 공사기간과 관계없이 다른 주택을 취득한 날로부터 3년* 이내에 기존 리모델링주택을 양도해야 소령 제155조 제1항의 규정에 의한 일시적 2주택의 비과세 특례를 적용받을 수 있다.

* 일시적 2주택 처분기한을 말한다. 2023년 1월 12일부터 3년으로 통일되었다.

4. 양도세 과세

리모델링 중에 있는 주택은 조합원입주권이나 주택분양권이 아닌 "주택"으로 보아 이에 대한 세제가 적용되고 있다.

⑰ 이러한 이유로 인해 리모델링된 주택에 대한 양도차익의 산정은 '소득세법' 제100조의 규정에 의하는 것으로서, '주택법'에 의한 주택리모델링 사업에는 '도정법'에 의한 재개발 사업 또는 주택재건축 사업에 관한 양도차익 산정 방법을 규정한 소령 제166조의 규정이 적용되지 아니한다.

5. 임대등록주택의 리모델링

주택을 임대등록한 상태에서 해당 주택이 '주택법'에 따라 리모델링되는 경우 임대주택에 대한 세제 혜택 등은 어떻게 달라질까?

1) 거주주택 비과세

임대등록한 아파트의 의무임대기간이 경과되기 전에 리모델링으로 등록이 말소된 경우에는 더 이상 등록을 하지 못한다. 따라서 이 상태에서 거주주택을 양도하면 비과세를 적용하지 않는다(우측 예규 참조). 임대주택이 재건축될 때와 같은 논리가 동원되고 있다.

   🅒 자동말소나 자진말소(1/2 이상 임대)한 후에 리모델링이 된 경우
      에는 말소일로부터 5년 이내에 거주주택을 양도하면 비과세
      를 받을 수 있을 것으로 보인다.

2) 양도세 중과배제

리모델링이 끝난 후 보유한 주택은 일반주택에 해당하며 보유주택 수에 따라 중과세의 가능성도 있다.

3) '조특법'상 장기보유특공제 특례

이에 대해서는 다음의 예규를 참조하자.

※ 서면법령해석재산2021-65(2021.7.26)

   리모델링으로 장기일반민간임대주택으로서 8년 이상 계속하여 임대하지 못한 경우에는 '조세특례제한법' 제97조의3에 따른 과세특례를 적용받을 수 없으며, 임대주택에 대한 시·군·구청의 등록말소 이후에 거주주택을 양도하는 경우에는 소령 155조 제20항에 따른 1세대 1주택 특례를 적용받을 수 없는 것임.

재건축 관련
법률의 이해

재건축 관련 법률에 대한 이해가 중요한 이유

　재건축 관련 세제는 취득세와 양도세 정도만 정리하면 나머지 세목은 쉽게 정리할 수 있다. 그러나 법률에 따라 조합원입주권 또는 주택분양권으로 유형이 달라지고, 청산금을 수령하거나 지급하는 경우도 많고, 2개의 조합원입주권을 받은 경우 등도 많아 기존 세제의 틀로는 이에 대한 세무상 쟁점을 해결하기가 힘든 경우가 많아지고 있다. 결국, 재건축에 대한 세제를 이해하기 위해서는 기본적으로 재건축 등과 관련된 법률부터 먼저 이해할 필요성이 대두되고 있다.

① '도시 및 주거환경정비법(도정법)'

　이 법은 도시기능의 회복이 필요하거나 주거환경이 불량한 지역을 계획적으로 정비하고 노후·불량건축물을 효율적으로 개량하기 위해서 필요한 사항을 규정함으로써 도시환경을 개선하고 주거생활의 질을 높이는 데 이바지함을 목적으로 한다. 참고로 현행의 도시정비 사업 중 재건축 사업은 종전주택건설촉진법(2003.7.1. 폐지), 재개발 사업은 종전 도시재개발법에 근거를 두어 시행됐으나, 2003년 7월 1일부터 '도정법'으로 통합되었다.

> 🔗 이 책에서 다루고 있는 재건축이나 재개발 사업 관련 세제는 대부분 앞의 법을 근거로 한다. 따라서 이 법률의 전반을 자세히 알아 두면 좋을 것으로 보인다.

❷ '빈집 및 소규모주택 정비에 관한 특례법(소규모주택법)'

이 법은 방치된 빈집을 효율적으로 정비하고 소규모주택 정비를 활성화하기 위해서 필요한 사항 및 특례를 규정함으로써 주거생활의 질을 높이는 데 이바지함을 목적으로 한다.

> 🔗 이 법에 따른 사업은 앞의 '도정법'과 같은 방식이나 사업추진 속도를 빨리 진행하기 위해 관리처분계획인가 같은 제도를 두고 있지 않다. 참고로 이 법에 따른 사업은 대부분 '도정법'에서 규정되어 있다가 사업의 효율적인 추진을 위해 일정한 규모 이하의 사업에 한해 '소규모주택법'으로 이관되었다. 이러한 취지에 맞춰 '소득세법'은 '도징법'과 같은 범주로 보아 동일한 세제를 적용한다. 하지만 '지방세법'은 '소규모주택법' 중 소규모재건축 사업만 '도정법'과 같은 범주로 보아 동일한 세제를 적용하고 있다.

❸ '주택법'

이 법은 쾌적하고 살기 좋은 주거환경 조성에 필요한 주택의 건설·
공급 및 주택 시장의 관리 등에 관한 사항을 정함으로써 국민의 주거안
정과 주거 수준의 향상에 이바지함을 목적으로 한다. 참고로 '주택법'
에 따라 설립된 "주택조합"은 많은 수의 구성원이 제15조에 따른 사업
계획의 승인을 받아 주택을 마련하거나 제66조에 따라 리모델링하기
위해 결성하는 다음 각 목의 조합을 말한다.

   가. 지역주택조합

   나. 직장주택조합

   다. 리모델링주택조합

> 🏠 '주택법'에 의해 공급되는 조합원의 지위는 '소득세법'에서는 주택
> 분양권으로 본다. 하지만 '지방세법'은 입주권도, 분양권도 아닌
> 것으로 본다. 이에 대한 쟁점 분석은 제1장에서 다루고 있다.

❹ '도시개발법'

이 법은 도시개발에 필요한 사항을 규정해서 계획적이고 체계적인
도시개발을 도모하고, 쾌적한 도시환경의 조성과 공공복리의 증진에
이바지함을 목적으로 한다.

ⓘ '도시개발법'에 의해서도 주택이 공급될 수 있는데, 이때 조합원이 보유한 권리는 "주택분양권"으로 구분한다(단, '지방세법'은 그렇지 않다).

⑤ '재건축이익환수법'

이 법은 '도정법'에 의한 재건축 사업 및 '소규모주택법'에 따른 소규모재건축 사업에서 발생되는 초과이익을 환수함으로써 주택가격의 안정과 사회적 형평을 도모해 국민경제의 건전한 발전과 사회통합에 이바지함을 목적으로 한다.

ⓘ 재건축 초과이익 부담금은 양도세 필요경비로 인정된다.

> **Tip** 조례 ≫
> 참고로 '도정법' 등에 따른 사업진행에 대해서는 구체적으로 각 지자체의 조례에서 정하는 경우가 많다. 따라서 세제 외의 법률을 이해할 때에는 조례까지 살펴볼 필요가 있다.

'도정법'상의
재건축 사업 절차

앞에서 본 '도정법'은 노후화되거나 불량한 건축물을 효율적으로 개량하는 사업을 뒷받침하기 위해 마련된 법률을 말한다. 이러한 사업은 주거의 질과 공급을 획기적으로 늘릴 수 있는 만큼 다양한 이해관계자가 참여함에 따라 이에 대한 제반절차 등을 규율할 필요성이 있게 된다. 따라서 이 법은 다양한 이해관계를 조정하고, 공급 질서를 유지할 수 있도록 하는 기능이 있다고 할 수 있다. 이하에서는 재건축 사업을 중심으로 절차 등을 살펴보자.

❶ 정비 사업의 종류

이 법에서 말하는 "정비 사업"은 '도정법'에서 정한 절차에 따라 도시기능을 회복하기 위해 정비구역[74]에서 정비기반시설을 정비하거나 주택 등 건축물을 개량 또는 건설하는 다음 각 목의 사업을 말한다.

가. 주거환경개선 사업 : 도시 저소득 주민이 집단거주하는 지역으로 서 정비기반시설이 극히 열악하고 노후·불량건축물이 과도하게 밀집한 지역의 주거환경을 개선하거나 단독주택 및 다세대주택 이 밀집한 지역에서 정비기반시설과 공동이용시설 확충을 통해 주거환경을 보전·정비·개량하기 위한 사업

나. 재개발 사업 : 정비기반시설이 열악하고 노후·불량건축물이 밀 집한 지역에서 주거환경을 개선하거나 상업지역·공업지역 등에 서 도시기능의 회복 및 상권 활성화 등을 위해 도시환경을 개선 하기 위한 사업(공공재개발 사업 포함).

다. 재건축 사업 : 정비기반시설은 양호하나 노후·불량건축물에 해 당하는 공동주택이 밀집한 지역에서 주거환경을 개선하기 위한 사업(공공재건축 사업 포함).

🔰 참고로 위의 나목과 다목만 세법상 조합원입주권으로 본다.

---

74) "정비구역"이란 정비 사업을 계획적으로 시행하기 위해 제16조에 따라 지정·고시된 구역을 말한다.

❷ '도정법'상 재건축 사업의 절차와 세금의 관계

1) 절차

'도정법'에 따라 진행되는 재건축 등에 참여한 개인의 세금을 이해하기 위해서는 아래의 절차를 이해할 필요가 있다. 재건축 사업 등은 다음과 같은 4단계로 걸쳐 시행된다.

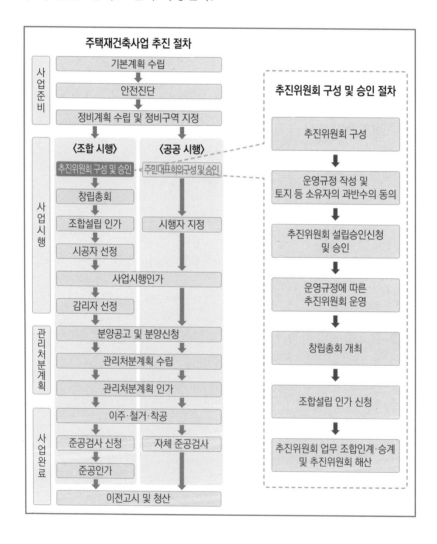

① 사업준비 단계

도시·주택환경정비 기본계획 수립·승인(시장→국토교통부) → 정비구역지정·고시(특별시장·광역시장·도지사) → 정비계획수립(시장·군수·구청장)

② 사업시행 단계

조합설립인가(시장·군수·구청장) → 사업시행인가(시장·군수·구청장)

③ 관리처분계획 단계

조합원 분양신청 → 관리처분계획 수립 → 관리처분인가

④ 사업완료 단계

철거 및 이주 → 착공신고(건축법에 의한 착공신고) → 준공인가 → 이전고시 및 청산

2) 재건축 사업의 절차와 세금의 관계

재건축 사업의 절차와 세금의 관계를 대략 정리해보자.

① 정비구역 지정

- 정비구역 지정일 현재, 재개발조합원에 대해서는 완공 시 취득세를 50~75% 감면한다(단, 85㎡ 이하 주택에 한함).
- 시가표준액 1억 원 이하의 주택은 '지방세법'상 주택 수에서 제외하며 중과세율을 적용하지 않으나, 정비구역 지정 후에는 주택 수에 포함하는 한편, 중과세율을 직용한다.

② 사업시행인가

- 사업시행 중 대체주택은 이날 이후에 취득해야 비과세 혜택이 주어진다.

③ 관리처분인가일

- '소득세법'상 원조합원과 승계조합원을 구분하는 기준이 된다.
- 원조합원의 경우 부동산과 조합원입주권을 구분하는 기준이 된다.

※ 소득세 집행기준 89-156의2-1 [관리처분인가일의 의미]

관리처분인가일은 '도정법' 제74조에 따른 조합원입주권의 권리가 확정된 날로서 지방자치단체의 공보에 고시한 날을 말한다.

④ 준공일

- 완공주택에 대한 취득시기가 된다.
- 승계조합원의 양도세 비과세, 세율 등을 결정하는 기준이 된다.

⑤ 이전고시일

- 청산금의 수령이 늦어진 경우 양도시기가 된다.
- 미등기양도자산의 해당 여부가 결정된다.

'도정법'상의 조합원 자격

앞 장에서 재건축과 관련해 조합원은 크게 원조합원과 승계조합원으로 구성됨을 알 수 있었다. 그렇다면 이러한 조합원 자격은 어떤 식으로 확보할 수 있을까? 그리고 조합원의 지위는 마음대로 양도나 양수가 가능할까? 이하에서는 '도정법' 제39조를 중심으로 이에 대한 내용을 알아보자.

❶ 조합원의 자격 등

1) 조합원의 자격

① 제25조에 따른 정비 사업의 조합원(사업시행자가 신탁업자인 경우에는 위탁자를 말한다)은 토지 등 소유자(재건축 사업의 경우에는 재건축 사업에 동의한 자만 해당한다)로 하되, 다음 각 호의 어느 하나에 해당하는 때

에는 그 여러 명을 대표하는 1명을 조합원으로 본다.

1. 토지 또는 건축물의 소유권과 지상권이 여러 명의 공유에 속하는 때

2. 여러 명의 토지 등 소유자가 1세대에 속하는 때. 이 경우 동일한 세대별 주민등록표상에 등재되어 있지 아니한 배우자 및 미혼인 19세 미만의 직계비속은 1세대로 보며, 1세대로 구성된 여러 명의 토지 등 소유자가 조합설립인가 후 세대를 분리해 동일한 세대에 속하지 아니하는 때에도 이혼 및 19세 이상 자녀의 분가(세대별 주민등록을 달리하고, 실거주지를 분가한 경우로 한정한다)를 제외하고는 1세대로 본다.

3. 조합설립인가(조합설립인가 전에 제27조 제1항 제3호에 따라 신탁업자를 사업시행자로 지정한 경우에는 사업시행자의 지정을 말한다) 후 1명의 토지 등 소유자로부터 토지 또는 건축물의 소유권이나 지상권을 양수해 여러 명이 소유하게 된 때

2) 투기과열지구 내 조합원 자격 제한

② '주택법' 제63조 제1항에 따른 투기과열지구[75]로 지정된 지역에서 재건축 사업을 시행하는 경우에는 조합설립인가 후, 재개발 사업을 시행하는 경우에는 제74조에 따른 관리처분계획의 인가 후 해당 정비 사업의 건축물 또는 토지를 양수(매매·증여, 그 밖의 권리의 변동을 수반하는 모든 행위를 포함하되, 상속·이혼으로 인한 양도·양수의 경우는 제외한다)한 자는 제1항에도 불구하고 조합원이 될 수 없다. 다만, 양도인이 다음 각 호의 어느 하나에 해당하는 경우 그 양도인으로부터 그 건축물 또는 토지를 양수한 자는 그러하지 아니하다.

75) 조정대상지역과 투기과열지구의 지정 및 해제현황은 '대한민국 전자관보' 홈페이지에서 알 수 있다.

1. 세대원(세대주가 포함된 세대의 구성원을 말한다)의 근무상 또는 생업 상의 사정이나 질병치료(1년 이상의 치료나 요양이 필요하다고 인정하는 경우로 한정한다) · 취학 · 결혼으로 세대원이 모두 해당 사업구역에 위치하지 아니한 특별시 · 광역시 · 특별자치시 · 특별자치도 · 시 또는 군으로 이전하는 경우

2. 상속으로 취득한 주택으로 세대원 모두 이전하는 경우

3. 세대원 모두 해외로 이주하거나 세대원 모두 2년 이상 해외에 체류하려는 경우

4. 1세대(제1항 제2호에 따라 1세대에 속하는 때를 말한다) 1주택자로서 양도하는 주택에 대한 소유기간 및 거주기간이 대통령령으로 정하는 기간* 이상인 경우

   * "대통령령으로 정하는 기간"이란 다음 각 호의 구분에 따른 기간을 말한다. 이 경우 소유자가 피상속인으로부터 주택을 상속받아 소유권을 취득한 경우에는 피상속인의 주택의 소유기간 및 거주기간을 합산한다.

   1. 소유기간 : 10년

   2. 거주기간(주민등록표를 기준으로 하며, 소유자가 거주하지 아니하고 소유자의 배우자나 직계존비속이 해당 주택에 거주한 경우에는 그 기간을 합산한다) : 5년

7. 그 밖에 불가피한 사정으로 양도하는 경우로서 대통령령으로 정하는 경우*

   * "대통령령으로 정하는 경우"란 다음 각 호의 어느 하나에 해당하는 경우를 말한다.

   1. 조합설립인가일부터 3년 이상 사업시행인가 신청이 없는 재건축 사업의 건축물을 3년 이상 계속하여 소유하고 있는 자(소유기간을 산정할 때 소유자가 피상속인으로부터 상속받아 소유권을 취득한 경우에는 피상속인의 소유기간을 합산한다. 이하 제2호 및 제3호에

서 같다)가 사업시행인가 신청 전에 양도하는 경우

2. 사업시행인가일부터 3년 이내에 착공하지 못한 재건축 사업의 토지 또는 건축물을 3년 이상 계속하여 소유하고 있는 자가 착공 전에 양도하는 경우

3. 착공일부터 3년 이상 준공되지 않은 재개발 사업·재건축 사업의 토지를 3년 이상 계속하여 소유하고 있는 경우

4. 법률 제7056호 도시 및 주거환경정비법 일부개정법률 부칙 제2항에 따른 토지 등 소유자로부터 상속·이혼으로 인하여 토지 또는 건축물을 소유한 자

6. '주택법' 제63조 제1항에 따른 투기과열지구로 지정되기 전에 건축물 또는 토지를 양도하기 위한 계약(계약금 지급 내역 등으로 계약일을 확인할 수 있는 경우로 한정한다)을 체결하고, 투기과열지구로 지정된 날부터 60일 이내에 '부동산 거래신고 등에 관한 법률' 제3조에 따라 부동산 거래의 신고를 한 경우

③ 사업시행자는 제2항 각 호 외의 부분 본문에 따라 조합원의 자격을 취득할 수 없는 경우 정비 사업의 토지, 건축물 또는 그 밖의 권리를 취득한 자에게 제73조를 준용하여 손실보상을 하여야 한다.

❷ 세법과의 관계

'도정법' 제39조는 세제의 적용과 직접적인 관련을 맺고 있다. 조합원의 지위를 확보하고 이에 따라 조합원입주권을 취득하거나 양도하면 관련 세제들이 바로 적용되기 때문이다.

관리처분계획의
인가 및 수립기준

　관리처분계획은 세법상 매우 중요한 의미가 있다. 관리처분계획인가일을 기준으로 원조합원과 승계조합원이 구분되고, 그에 따라 세제가 다르게 적용되기 때문이다. 따라서 독자들은 이 부분을 잘 이해하는 것이 중요하다. 참고로 "관리처분계획"이란 재건축과 재개발 이후에 분양되는 토지와 건축물 등에 대한 조합원들의 합리적인 분배를 위해서 미리 사전에 정하는 계획을 말한다.[76]

❶ 관리처분계획의 인가

　'도정법' 제74조에서는 다음과 같이 사업시행자가 관할 지자체로부터 관리처분계획의 인가를 받도록 하고 있다.

---

76) 계획이므로 나중에 관련 내용이 변경될 수 있다.

① 사업시행자는 제72조에 따른 분양신청기간이 종료된 때에는 분양신청의 현황을 기초로 다음 각 호의 사항이 포함된 관리처분계획을 수립하여 시장·군수 등의 인가를 받아야 한다.

1. 분양설계
2. 분양대상자의 주소 및 성명
3. 분양대상자별 분양예정인 대지 또는 건축물의 추산액
4. 보류지 등의 명세와 추산액 및 처분 방법
5. 분양대상자별 종전의 토지 또는 건축물 명세 및 사업시행인가 고시가 있은 날을 기준으로 한 가격(사업시행인가 전에 제81조 제3항에 따라 철거된 건축물은 시장·군수 등에게 허가를 받은 날을 기준으로 한 가격)
6. 정비 사업비의 추산액(재건축 사업의 경우에는 '재건축 초과이익 환수에 관한 법률'에 따른 재건축부담금에 관한 사항을 포함한다) 및 그에 따른 조합원 분담규모 및 분담시기 등

④ 정비 사업에서 제1항 제3호·제5호 및 제8호에 따라 재산 또는 권리를 평가할 때에는 다음 각 호의 방법에 따른다.

1. 감정평가법인 등 중 다음 각 목의 구분에 따른 감정평가법인 등이 평가한 금액을 산술평균하여 산정한다.
   가. 주거환경개선 사업 또는 재개발 사업 : 시장·군수 등이 선정·계약한 2인 이상의 감정평가법인 등
   나. 재건축 사업 : 시장·군수 등이 선정·계약한 1인 이상의 감정평가법인 등과 조합총회의 의결로 선정·계약한 1인 이상의 감정평가법인 등

❷ 관리처분계획의 수립기준

관리처분계획은 조합원 등의 재산관계에 지대한 영향을 미치게 되므로 이에 대한 세부적인 수립기준이 별도로 마련되어 있다. 제76조의 주요 내용을 살펴보자. 참고로 제1항 제7호는 주택의 공급 수와 관련이 있으므로 주의해야 한다.

① 제74조 제1항에 따른 관리처분계획의 내용은 다음 각 호의 기준에 따른다.

　1. 종전의 토지 또는 건축물의 면적·이용 상황·환경, 그 밖의 사항을 종합적으로 고려하여 대지 또는 건축물이 균형 있게 분양신청자에게 배분되고 합리적으로 이용되도록 한다.

　2. 지나치게 좁거나 넓은 토지 또는 건축물은 넓히거나 좁혀 대지 또는 건축물이 적정 규모가 되도록 한다.

　3. 너무 좁은 토지 또는 건축물이나 정비구역 지정 후 분할된 토지를 취득한 자에게는 현금으로 청산할 수 있다.

　5. 분양설계에 관한 계획은 제72조에 따른 분양신청기간이 만료하는 날을 기준으로 하여 수립한다.

　6. 1세대 또는 1명이 하나 이상의 주택 또는 토지를 소유한 경우 1주택을 공급하고, 같은 세대에 속하지 아니하는 2명 이상이 1주택 또는 1토지를 공유한 경우에는 1주택만 공급한다.

　7. 제6호에도 불구하고 다음 각 목의 경우에는 각 목의 방법에 따라 주택을 공급할 수 있다.

　　가. 2명 이상이 1토지를 공유한 경우로서 시·도조례로 주택 공급을 따로 정하고 있는 경우에는 시·도조례로 정하는

바에 따라 주택을 공급할 수 있다.

나. 다음 어느 하나에 해당하는 토지 등 소유자에게는 소유한 주택 수만큼 공급할 수 있다.

    1) 과밀억제권역에 위치하지 아니한 재건축 사업의 토지 등 소유자. 다만, 투기과열지구 또는 '주택법' 제63조의2 제1항 제1호에 따라 지정된 조정지역에서 사업시행인가(최초 사업시행인가를 말한다)를 신청하는 재건축 사업의 토지 등 소유자는 제외한다.

    2) 근로자(공무원인 근로자를 포함한다) 숙소, 기숙사 용도로 주택을 소유하고 있는 토지 등 소유자 등

다. 나목 1) 단서에도 불구하고 과밀억제권역 외의 조정지역 또는 투기과열지구에서 조정지역 또는 투기과열지구로 지정되기 전에 1명의 토지 등 소유자로부터 토지 또는 건축물의 소유권을 양수하여 여러 명이 소유하게 된 경우에는 양도인과 양수인에게 각각 1주택을 공급할 수 있다.

라. 제74조 제1항 제5호에 따른 가격의 범위 또는 종전주택의 주거전용면적의 범위에서 2주택을 공급할 수 있고, 이 중 1주택은 주거전용면적을 $60m^2$ 이하로 한다. 매매·증여나 그 밖에 권리의 변동을 수반하는 모든 행위를 포함하되 상속의 경우는 제외한다)하거나 전매를 알선할 수 없다.

마. 과밀억제권역에 위치한 재건축 사업의 경우에는 토지 등 소유자가 소유한 주택 수의 범위에서 3주택까지 공급할 수 있다. 다만, 투기과열지구 또는 조정지역에서 사업시행인가(최초 사업시행인가를 말한다)를 신청하는 재건축 사업의 경우에는 그러하지 아니하다.

❸ 세법과의 관계

앞의 내용은 조합원 자격을 주지 않고 현금청산을 할 수 있거나 조합원들에게 몇 채를 공급할 수 있는지의 여부 등에 대한 근거를 제공하고 있다. 따라서 이에 따라 결정된 내용에 따라 관련 세제가 적용된다. 예를 들어 1+1 재건축으로 2개의 조합원입주권을 받은 경우, 둘 중 1개의 조합원입주권만 비과세를 받고, 1개는 양도세가 과세된다. 1+1 재건축에 대한 다양한 세무상 쟁점은 제6장에서 다루고 있다.

정비 사업의 준공인가와
소유권 이전고시

재건축이나 재개발이 완료되는 단계에 들어서면 준공을 인가받고 소
유권을 조합원에게 귀속시키는 절차를 밟아야 한다. 이에 대해서는 '도
정법' 제83조와 제86조 등에서 정하고 있다.

❶ 정비 사업의 준공인가

'도정법' 제83조에서는 정비 사업의 준공인가에 대해 다음과 같이
정하고 있다.

① 시장·군수 등이 아닌 사업시행자가 정비 사업 공사를 완료한 때
   에는 대통령령으로 정하는 방법 및 절차에 따라 시장·군수 등의
   준공인가를 받아야 한다.

② 이하 생략

❷ 이전고시

'도정법' 제86조에서는 다음과 같이 이전고시 등에 대해 정하고 있다.

① 사업시행자는 제83조 제3항 및 제4항에 따른 고시가 있은 때에
는 지체 없이 대지확정측량을 하고 토지의 분할절차를 거쳐 관리
처분계획에서 정한 사항을 분양받을 자에게 통지하고 대지 또는
건축물의 소유권을 이전하여야 한다. 다만, 정비 사업의 효율적인
추진을 위하여 필요한 경우에는 해당 정비 사업에 관한 공사가
전부 완료되기 전이라도 완공된 부분은 준공인가를 받아 대지 또
는 건축물별로 분양받을 자에게 소유권을 이전할 수 있다.
② 사업시행자는 제1항에 따라 대지 및 건축물의 소유권을 이전하려
는 때에는 그 내용을 해당 지방자치단체의 공보에 고시한 후 시
장·군수 등에게 보고하여야 한다. 이 경우 대지 또는 건축물을
분양받을 자는 고시가 있은 날의 다음 날에 그 대지 또는 건축물
의 소유권을 취득한다.

❸ 세법과의 관계

정비 사업의 준공인가는 세법을 적용할 때 "취득시기"등과 관련이
있고, 이전고시는 미등기자산에 해당하는지의 여부 등의 판단과 관련

이 있다.

1) 준공인가

재건축에서 "준공인가"는 건축물이 완공되는 시점을 말한다. 세법은 준공인가일에 맞춰 취득세를 부과하는 한편, 이날을 기준으로 양도세와 관련해 다양한 세제를 적용한다. 참고로 준공인가 전에 임시사용한 경우 이날을 준공일로 보기도 한다.

2) 이전고시

이전고시는 준공이 된 뒤에 대지 등을 측량해 소유권 이전등기를 하도록 하는 절차 중 하나에 해당한다. 이에 세법은 다음과 같은 예규를 두어 이전고시가 되기 전에 준공이 된 상태에서 양도하더라도 미등기양도자산으로 보지 않는다. 참고로 미등기양도자산에 해당하면 양도세율이 무려 70%가 적용된다.

청산금
(수령 또는 납부)

재건축 또는 재개발에서 청산금은 조합원의 조합원분양가액과 평가액의 차액을 말한다. 예를 들어 후자가 더 크면 차액을 돌려받게 되며, 전자가 더 크면 차액을 납부하게 된다. 실무에서 청산금 납부금액을 추가부담금 등의 용어로 사용하나, 세무에서는 청산금으로 통일해서 부르고 있다. 이하에서는 청산금과 관련된 내용을 알아보자.

❶ 청산금

'도정법' 제89조에서는 청산금 등에 대해 다음과 같이 규정하고 있다.

① 대지 또는 건축물을 분양받은 자가 종전에 소유하고 있던 토지 또는 건축물의 가격과 분양받은 대지 또는 건축물의 가격 사이에

차이가 있는 경우 사업시행자는 제86조 제2항에 따른 이전고시가 있은 후에 그 차액에 상당하는 금액(이하 "청산금"이라 한다)을 분양받은 자로부터 징수하거나 분양받은 자에게 지급하여야 한다.

② 제1항에도 불구하고 사업시행자는 정관 등에서 분할징수 및 분할지급을 정하고 있거나 총회의 의결을 거쳐 따로 정한 경우에는 관리처분인가 후부터 제86조 제2항에 따른 이전고시가 있은 날까지 일정 기간별로 분할징수하거나 분할지급할 수 있다.

③ 이하 생략

❷ 청산금 산정 방식

청산금은 조합원분양가와 조합원의 평가액과의 차액을 말한다. 여기서 평가액은 "종전의 건물·토지의 평가액×비례율"로 계산한다. 조금 더 살펴보자.

1) 종전의 건물·토지의 평가

사업시행인가일을 기준으로 감정평가사들이 평가한 금액을 말한다.

2) 비례율

비례율은 일종의 개발이익에 따른 무상지분율로 아래처럼 계산한다.

• [(총분양금액 − 총사업비용) / 기존건물 총평가액] × 100

여기서 수입과 비용은 공사 중에 변경될 수 있으므로 관리처분인가일에 최초 결정을 한 후, 이전고시 후 "청산"시 비례율을 최종 확정한다.

3) 평가액

평가액은 조합원이 자신의 부동산에 대해 권리를 주장할 수 있는 금액을 말한다. 따라서 조합원의 입장에서 청산금을 적게 지급하거나 이를 지급받기 위해서는 비례율이 커야 한다.

- 조합원별 기존건물 감정평가액 × 비례율

4) 청산금

조합원분양가와 평가액의 차액을 말한다.

- 조합원분양가 > 평가액인 경우 : 해당 차액이 청산금이며 이 차액을 납부해야 한다(실무적으로 이렇게 청산금납부액을 추가분담금, 추가부담금이라고도 한다).
- 조합원분양가 < 평가액인 경우 : 이 경우에는 청산금을 수령하게 된다.

<사례>

Q1 총분양가액이 2,000억 원, 기존건물의 평가액 800억 원, 총사업비용이 1,000어 원인 경우의 비례율은?

- 비례율 = [(2,000억 원 - 1,000억 원) / 800억 원] × 100 = 125%

Q2 만약 어떤 조합원의 기존건물의 평가액이 5억 원이라면 평가액은 얼마인가?

- 평가액 = 5억 원 × 125% = 6억 2,500만 원

Q3 만약 조합원의 분양가액이 7억 원이라면 그가 부담해야 할 분담금 (청산금)은 얼마인가?

- 납부해야 할 청산금 = 7억 원 – 6억 2,500만 원 = 7,500만 원

Q4 만약 분양가액이 6억 원이라면 그가 받을 분담금(청산금)은 얼마인가?

- 받아야 할 청산금 = 6억 원 – 6억 2,500만 원 = △2,500만 원

Q5 청산금은 언제 수령 또는 납부하는 것이 원칙인가?

준공이 완료되고 소유권 이전고시가 있는 후에 수령 또는 납부해야 한다.

③ 세법과의 관계

'도정법' 등에 따라 발생하는 청산금은 양도세 세제와 아주 밀접한 관련을 맺는다. 청산금을 수령하는 경우와 납부하는 경우로 나눠서 살펴보자.[77]

---

77) 청산금에 대한 세무처리는 제6장에서 다루고 있다.

1) 청산금을 수령하는 경우

수령하는 청산금은 기존건물의 일부를 양도함에 따라 받은 대가에 해당한다. 따라서 청산금수령액에 대해서는 양도세가 과세되는 것이 원칙이다. 다만, 청산금이 원천이 1세대 1주택에서 비롯된 것이면 비과세를 받을 수 있다(단, 12억 원 초과분은 과세).

2) 청산금을 납부하는 경우

조합원분양가에 비해 자신의 평가액이 부족한 경우 그 차액을 납부해야 한다. 이러한 청산금은 새로운 취득가액의 일종이 된다. 세법은 양도세 비과세와 장특공제 등을 적용할 때 청산금 납부시기를 별도의 취득시기로 보고 세제를 적용한다.

📛 정비 사업조합이 청산할 때 조합원들에게 잔여재산을 배분하는 것은 조합원의 배당소득에 해당한다.

재건축 초과이익 환수법률

이 법은 '도정법'상의 재건축 사업과 '소규모주택법'상의 소규모 재건축 사업에서 발생되는 초과이익을 환수함으로써 주택가격의 안정과 사회적 형평을 도모하기 위해 마련되었다. 이에 대한 몇 가지 내용만 간략히 살펴보자.

1. 재건축 초과이익 등

재건축 초과이익 등에 대해서는 위 법률 제2조에서 다음과 같이 정의하고 있다.

1. "재건축 초과이익"이라 함은 '도정법' 제2조 제2호 다목에 따른 재건축 사업 및 '소규모주택법' 제2조 제1항 제3호 다목에 따른 소규모재건축 사업(이하 "재건축 사업"이라 한다)으로 인하여 정상주택가격 상승분을 초과하여 조합이나 조합원 등에게 귀속되는 주택가액의 증가분으로서 제7조에 따라 산정된 금액을 말한다.
2. "정상주택가격 상승분"이라 함은 제10조에 따라 산정된 금액을 말한다.
3. "재건축부담금"이라 함은 재건축 초과이익 중 이 법에 따라 국토교통부장관이 부과·징수하는 금액을 말한다.

2. 부과율

납부의무자가 납부해야 할 재건축부담금은 제7조에 따라 산정된 재건축 초과이익을 해당 조합원 수로 나눈 금액에 다음의 부과율을 적용해 계산한 금액을 그 부담금액으로 한다(제2조). 참고로 이 부과율은 개정될 가능성이 크다. 최근의 부과율을 확인하기 바란다.

1. 조합원 1인당 평균이익이 3,000만 원 이하 : 면제

2. 조합원 1인당 평균이익이 3,000만 원 초과 5,000만 원 이하 : 3,000만 원을 초과하는 금액의 100분의 10 × 조합원 수

3. 조합원 1인당 평균이익이 5,000만 원 초과 7,000만 원 이하 : 200만 원 × 조합원 수 + 5,000만 원을 초과하는 금액의 100분의 20 × 조합원 수

4. 조합원 1인당 평균이익이 7,000만 원 초과 9,000만 원 이하 : 600만 원 × 조합원 수 + 7,000만 원을 초과하는 금액의 100분의 30 × 조합원 수

5. 조합원 1인당 평균이익이 9,000만 원 초과 1억 1,000만 원 이하 : 1,200만 원 × 조합원 수 + 9,000만 원을 초과하는 금액의 100분의 40 × 조합원 수

6. 조합원 1인당 평균이익이 1억 1,000만 원 초과 : 2,000만 원 × 조합원 수 + 1억 1,000만 원을 초과하는 금액의 100분의 50 × 조합원 수

신방수 세무사의
재건축 재개발 세무 가이드북
(실전 편)

제1판 1쇄 2022년 8월 31일
제1판 2쇄 2023년 10월 12일

지은이 신방수
펴낸이 서정희　　　　　**펴낸곳** 매경출판㈜
기획제작 ㈜두드림미디어
책임편집 최윤경, 배성분　　**디자인** 노경녀 n1004n@hanmail.net
마케팅 김익겸, 한동우, 장하라

매경출판㈜
등록 2003년 4월 24일(No. 2-3759)
주소 (04557) 서울특별시 중구 충무로 2(필동 1가) 매일경제 별관 2층 매경출판㈜
홈페이지 www.mkbook.co.kr
전화 02)333-3577
이메일 dodreamedia@naver.com(원고 투고 및 출판 관련 문의)
도서 내용 문의 02)554-6438
인쇄·제본 ㈜M-print 031)8071-0961
ISBN 979-11-6484-452-4 (03320)

책 내용에 관한 궁금증은 표지 앞날개에 있는 저자의 이메일이나
저자의 각종 SNS 연락처로 문의해주시길 바랍니다.

책값은 뒤표지에 있습니다.
파본은 구입하신 서점에서 교환해드립니다.

📍 부동산 도서 목록 📍

불황에도 매출 10배 올리는
상위
1%
공인
중개사의
마케팅
비법

부동산 규제 강화와 경기 불경기를 공인중개사들이
매출을 획기적으로 올릴 수 있는 영마수칙 개시센다!

GTX 시대, 부동산 투자 비법은 따로 있다!

아파트는 살고
땅은 사라

토지 투자의 블루오션 전파가 왔다
오산시서의 "대한민국 1%만 아는
실전 토지 투자 종합 바이블 탄생!"

부동산 투자를 시작하기 전에 꼭 알아야야 할 실전 기술

부동산
상식을
돈으로
바꾸는 방법

해외 부동산 투자,
나는 말레이시아로
간다

MALAYSIA

투자자에게 알려주고 싶은 부동산 블루오션

당신도 건물주가 될 수 있다!

원룸
마스터

부동산 투자자,
계약자가 꼭 알아야 하는

부동산
실무 法
용어사전
1,000

부동산 계약 성공을 할 때
부동산 거래의 핵심 단어 1,000개!

부자가 되기 위한 새로운 재테크법

부자로 환승하라
머니트레인

부동산 투자, 이제는 지하철이 핵심이다!

부동산 투자
인사이트

그는 어떻게
부동산
1인 창업으로
10억을
벌었을까?

부동산 투자의 숨겨진 진실!

절세의 모든 기술
부동산 법인에 있다!

투자 활성화도 되고 경영리스크 절감해 주 있는
부동산 법인 A to Z

돈 버는
주택임대
관리기법

주택임대관리업은
복합적인 관리업무와 경영활동이다

10%대 수익률을 위한
최고의 부동산 재테크

P2P
투자의
정석

부동산으로 이룬
자유의
꿈

아파트 경매,
지역 분석이 먼저다!

때에 사례를
중심으로 살펴보는

대박 친
빌딩 투자의
비밀

부자가 되기 위한 부동산 요리법

정준환의
부동산
레시피

초보를 위한 취업과 창업 완벽 가이드

잘나가는
공인중개사의
비밀노트

한 권으로 정리한 단기 속성 실무전략

新
명품 토지
중개 실무

다양한 사례와 함께 살펴보는 실무 노하우

실패 없는 부동산 재테크의
돈 길 따라가는
부동산 투자

부동산 계약 공부 통지 전에 꼭 알아야 하는

부동산
세무
Real estate
Tax
가이드북
Guide Book
실전편

2019
개정세법 반영
전면개정판

개념부터 쉽게 배우는 부동산 필수 상식
돈 되는 부동산은 따로 있다
300세 평리한 재테크 저자가 전하는
부동산 투자 비법

자산상센터 투자 실전 편
부동산 투자, 아파트형 공장이 틈새다

2달 만에 월세 200만 원 받는
월세 부자 레시피
임대료 정부까지
이제 당신도 부자가 될 수 있다!

직장인들도 쉽게 따라할 수 있는
新 부동산 공매 가이드북
실전편

양도·증여·상속의 모든 것
기막힌
부동산 절세의 비밀
생활 속의 세금 상식을 담은 절세 필독서

경매세·AFPL 투자자와 자산가도 꼭 알아야 하는
부동산 매매임대사업자 세무 가이드북
Real estate Business Tax Guide Book
실전편

나는 부동산 투자로 파산자에서 100억 부자가 되었다

경매하기 쉬운 경매 투자자들의 신세계
지분경매, 공유지분, 독점경매
남들과 경쟁하기 싫고, 혼자 전부 독식하고 싶다!

입찰에서 취득까지, 배당에서 명도까지
부동산 경매의 모든 것
이것이 진짜 성공 경매다
가치 투자로 승부하려는 실패를 최소화하는 성공 투자 비법

부동산 전문 머니운석의 재테크 실전집
결혼은 선택이지만 부동산 투자는 필수다

수익형 부동산 건축과 재테크 투자 비법
헌집 살래 새집 살래
건축을 알면 �80 부동산이 한눈에 보인다!

부자 되는 주택 임대사업
이제 대세는 수익형 부동산이다
평생 돈 걱정 없이 사는 월세 부자 되기

돈 버는 공인중개사는 따로 있다……

주무관이 미래에 대비하며 시작한
부동산 정책 분석
시장을 이기는 정책은 없다
부동산 정책을 알면 시장이 보인다!

전세가를 알면 부동산 투자가 보인다
시장 심리를 파악하면, 투자 흐름이 보인다!

서울시 공장경제과 주무관이 알려주는
부동산 거래와 판례

스타들의 부동산 재테크
스타들의 사생활보다 더 궁금한 그들만의 부동산 투자
스타가 좋아하는 부동산은 따로 있다?

지분 경매로 토지 개발업자 되기

부동산 재테크 역세권이 답이다

세무서 30억에 알려주는
세무조사 대비의 모든 것
아는 만큼 보인다

향후 5년 부동산 정책 핵심 공략
문재인 시대
부동산 트렌드
이국형 외공저 지음

주택 연출가
무조건 따라하기

커피 한 잔 값으로
초대형 오피스 주인 되기
리츠
얼리어답터

고수익을 선사하는 블루오션 토지 경매
신의 한 수
금맥
경매

주택
아파트
세무 가이드북
실전편

권리분석
완전정복으로
10년 안에
10억 벌기

고수가 알려주는 월급 타파 땅 투자 입문 길
대한민국을
움직이는
땅 투자 법칙 100

도시 투자 전문가 박호상의 실전 부동산 투자 노하우
땅투자
10단계 절대불변의 법칙

돈의 보감
평범한 샐러리맨, 투잡 경매로
5년에 10억 벌다

경매로 재테크하고
NPL로 두 번에 월급 받다

나는 갭 투자로
300채 집주인이
되었다

아파트 300채 투자
박정수가 공개하는
화제의 투자법 대공개!

토지
세무
가이드북
실전편

부동산 경·공매, 법원, 입찰, 재개발 총망라
新 상가
투자
보물
찾기

상가
세무
가이드북
실전편

NPL
가격 산정의 비밀

정확한 NPL 가격 산출 시스템 특허출원!

응답하라!!
위기의
부동산

나는
토지 경매로
금맥을 캔다

NPL과 경매, 토지보상이 하나로
토지보상경매
실전활용

세무조사
실무
가이드북
실전편

야생화의
기초 경매

자산을
블링블링 키우는
포인트 경매

두드림미디어

가치 있는 콘텐츠와 사람
꿈꾸던 미래와 현재를 잇는 통로

Tel. 02-333-3577
E-mail. dodreamedia@naver.com
https://cafe.naver.com/dodreamedia